COLECÇÃO SIGNOS

Títulos publicados:

1. O REINO FLUTUANTE, de Eduardo Prado Coelho
2. MITOLOGIAS, de Roland Barthes
3. O GRAU ZERO DA ESCRITA, seguido de ELEMENTOS DE SEMIOLOGIA, de Roland Barthes
4. DIALÉCTICAS TEÓRICAS DA LITERATURA, de Jorge de Sena
5. O PRAZER DO TEXTO, de Roland Barthes
6. HISTÓRIA DA LINGUAGEM, de Julia Kristeva
7. LINGUÍSTICA, SOCIEDADE E POLÍTICA, de A. Schaff, S. Latouche, F. Rossi-Landi e outros
8. ESCREVER... PARA QUÊ? PARA QUEM?, de R. Barthes, G. Duby, J. Lacouture e outros
9. LINGUÍSTICA E LITERATURA, de R. Barthes, L. Picchio, N. Ruwet e outros
10. ROLAND BARTHES POR ROLAND BARTHES
11. ENSAIOS CRÍTICOS, de Roland Barthes
12. REFLEXÕES SOBRE A LINGUAGEM, de Noam Chomsky
13. DIALÉCTICAS APLICADAS DA LITERATURA, de Jorge de Sena
14. CRÍTICA E VERDADE, de Roland Barthes
15. TEORIA DA LITERATURA — I, de T. Todorov, B. Eikhenbaum, V. Chklovski e outros
16. TEORIA DA LITERATURA — II, de T. Todorov, O. Brik, B. Tomachevski e outros
17. FRAGMENTOS DE UM DISCURSO AMOROSO, de Roland Barthes
18. PROBLEMAS E MÉTODOS DA SEMIOLOGIA, de J. J. Nattiez, J. C. Gardin, G. G. Granger e outros
19. POÉTICA DA PROSA, de Tzvetan Todorov
20. A LIÇÃO DO TEXTO, de Luciana Stegagno Picchio
21. A LIÇÃO, de Roland Barthes
22. TEORIAS DO SÍMBOLO, de Tzvetan Todorov
23. SADE, FOURIER, LOIOLA, de Roland Barthes
24. A GRAMÁTICA GENERATIVA, de Nicolas Ruwet, Noam Chomsky
25. A SEMÂNTICA, de F. R. Palmer
26. S/Z, de Roland Barthes
27. O ESTILO E AS SUAS TÉCNICAS, de Marcel Cressot
28. ESTRUTURAS SINTÁCTICAS, de Noam Chomsky
29. A TRADUÇÃO E OS SEUS PROBLEMAS, Dir. de Jean-René Ladmiral
30. HISTÓRIA DA LITERATURA INGLESA, de Ifor Evans
31. SIMBOLISMO E INTERPRETAÇÃO, de Tzvetan Todorov
32. LUANDINO — JOSÉ LUANDINO VIEIRA E A SUA OBRA (Estudos, Testemunhos, Entrevistas)
33. FUNDAMENTOS DE LINGUÍSTICA GERAL, de J.-A. Collado
34. OS GÉNEROS DO DISCURSO, de Tzvetan Todorov
35. O SISTEMA DA MODA, Roland Barthes
36. LITERATURA PORTUGUESA, LITERATURA COMPARADA E TEORIA DA LITERATURA, de Álvaro Manuel Machado e Daniel-Henri Pageaux
37. O GRÃO DA VOZ, de Roland Barthes
38. A PRÁTICA CRÍTICA, de Catherine Belsey
39. A LINGUÍSTICA, HOJE, de Mortéza Mahmoudian

A LINGUÍSTICA
HOJE

Título original: *La Linguistique*
  (précédé de La Linguistique aujourd'hui, par Georges Mounin)
© Éditions Seghers, Paris, 1982
Tradução de Maria do Céu Ferreira Tarouca da Silva

Reservados todos os direitos para a Língua Portuguesa

edições 70

Avenida Duque de Ávila, 69 - r/c. Esq. — 1000 Lisboa
Tels. 55 68 98 / 57 20 01
Distribuidor no Brasil: LIVRARIA MARTINS FONTES
Rua Conselheiro Ramalho, 330-340 — São Paulo

A LINGUÍSTICA HOJE

MORTÉZA MAHMOUDIAN

INTRODUÇÃO E CONCLUSÃO DE
GEORGES MOUNIN

COLECÇÃO SIGNOS

Introdução

A LINGUÍSTICA ACTUAL

Ao colocarmo-nos no plano das teorias gerais e por oposição ao período de 1945-60, poderíamos crer estar numa fase de eclosão, diria mesmo de fragmentação. Se o leitor ávido em se informar encontra o «guichet» certo de informações, ver-se-á, com efeito, confrontado, não sem algum espanto, com as diversas linguísticas estruturalistas, com o distribucionalismo, com o transformalismo, generativista ou não, com o funcionalismo, com a linguística da estratificação, com a do computador, com a linguística da estatística, com a linguística da matemática: e ver-se-á começar a despontar no horizonte (de uma carreira?) gramáticas, umas de dependência, outras de integração, etc. Com efeito, esta situação, que é aparentemente mais confusa do que há vinte anos, não é tão desorientadora como se poderia pensar. Mahmoudian mostra, a meu ver muito justamente, no fim de cada um dos capítulos desta sua obra, que há, entre as várias teorias, bases muitas vezes comuns ou convergentes e comunidades de resultados, dissimuladas por métodos frequentemente inversos (indutivos ou dedutivos), por terminologias variegadas, ou por variantes a maior parte das vezes endurecidas pela polémica. Sem falar de uma unidade da linguística actual, pode afirmar-se que muitas teorias, que se querem ou se crêem irredutivelmente *sui generis*, vivem sobre um fundo comum que não pode ser descurado, o qual será frequentemente o saber sólido do não-especialista. Um mérito de Mahmoudian é o ter sempre sublinhado, sem espírito de conciliação e sem timidez, estes aspectos reconfortantes da situação.

Se se estiver do lado da produção propriamente dita em linguística, das obras e mais ainda das revistas, o reconforto está muito menos garantido. O especialista que se quiser manter actualizado, mesmo que seja só pela consulta dos sumários, encontra diante de si, pelo menos, uma centena de revistas por entre a grande meia dúzia de línguas de grande difusão científica. E se tiver a coragem, mesmo que só por alguns anos, de se entregar a este trabalho ingrato, não experimentará durante esses mesmos anos a impressão de fragmentação, mas sim, e muito frequentemente, a de redução da linguística a pó. É por isso que também nessa leitura obras como a de Mahmoudian[1] se tornam indispensáveis ao iniciante sério. Elas são bússolas sem as quais ele flutuaria à mercê dos ventos e das correntes, que nem ele próprio escolheria afrontar, correntes essas pelas quais ele seria apanhado pelo acaso das suas leituras, também estas de acaso.

O mundo da linguística agitou-se de há vinte anos a esta parte. O mundo dos linguistas também se agitou, evidentemente, uma vez que está ainda em plena expansão demográfica. Mas o que é bem mais importante de salientar aqui é que o mundo dos leitores também se agitou, e ainda muito mais, a meu ver; sobretudo o mundo dos jovens leitores, o jovem grande público ou, melhor, o grande público jovem. Em 1981, mesmo que as aulas de filosofia ainda não sejam, provavelmente, o que, no meu entender, devem ser (e, digamo-lo, os professores de filosofia também não, pelo menos nem sempre ou não o suficiente), os bacharéis e os estudantes que entram para a faculdade já ouviram falar de epistemologia, ouviram falar e talvez até tenham lido Bachelard, Canguilhem, Popper, Wittgenstein, quem sabe Piaget, Kühn ou Balibar, ou Austin e Ryle e ainda Blanché... Seja qual for o valor pedagógico ou prático, tomaram contacto com a matemática «de conjuntos». Também ouviram falar das «condições de possibilidade do conhecimento» (mesmo fora das suas aulas). E, além disso, há ainda, por entre os indivíduos com menos de trinta ou de quarenta anos — sem excluir os de mais de quarenta —, todos aqueles mais velhos que se podem

---

[1] Ver, também, Frédéric François, *L'Enseignement et la diversité des grammaires.*

encontrar desde as escolas preparatórias às grandes escolas, os alunos de engenharia, cada vez mais conduzidos pelas nossas tecnologias (a electrónica, a informática, o tratamento de dados, a automatização da documentação, etc.), que se interrogam sobre o que é uma *língua natural* e que — quando são na realidade um pouco investigadores e realistas — perguntam a si próprios porque é que ela resiste desde há tanto tempo aos seus modelos, regra geral de origem matemática e leibniziana. Para os leitores deste novo público, com todas as suas necessidades, com todas as suas lacunas, pode pensar-se que o livro de Mahmoudian será uma resposta adaptada à sua formação, à sua cultura, ao seu tipo de aproximação aos problemas, à sua linguagem de trabalho intelectual, mesmo.

Pode perguntar-se: e os professores? O problema das suas relações com a linguística é mais complexo de descrever. Por um lado, muitas pessoas estão persuadidas pela ideia de que, neste domínio, o estado de coisas melhorou bastante de há uns quinze anos a esta parte. As comissões Rouchette e Pierre Emmanuel deram muito que falar. Uns, os psicólogos por exemplo, parecem estar mesmo persuadidos pela ideia de que coube à linguística (estrutural!) conseguir bom êxito nas recomendações e nas instruções que saíram mais ou menos directamente dos trabalhos destas duas comissões; mas assim não foi. Primeiro, porque nos textos a linguística ocupa pouco lugar e mesmo este ainda é superficial; depois, porque o pouco que era possível fazer nem sequer passou para a formação dos professores, a qual continua a ser a garganta de estrangulamento mais seguro na matéria. A infiltração da linguística no ensino, esporádica, aleatória, depende essencialmente do voluntarismo de uma minoria de professores corajosos e motivados, com todos os seus riscos e perigos; e o seu centro principal de impulso, o ex-Institut Pédagogique National, está, no presente, quase completamente desmantelado no que respeita ao seu departamento de investigação em linguística, reduzido à impotência ou pouco lhe faltando para isso.

Além disso, para a grande massa dos professores (digamos 75%) a linguística permaneceu como objecto de uma desconfiança tenaz, de um cepticismo alargado, mesmo até de uma hostilidade frequentemente discreta, mas manifesta. Os linguistas são atacados, por palavras capciosas, pela sua intransigência, pela sua intolerância, pelo seu imperialismo de tendência monopolista mesmo, pelas suas metodologias obscuras, pelo seu vocabulário hermético, pelo seu abuso de neologismos, os quais, uma vez traduzidos para linguagem vulgar, se revelam como puros truísmos; eles são criticados por as suas estruturas serem verdades de uma evidência tola e por se terem deixado fascinar pelos computadores, etc. Ainda falta fazer muito para persuadir os professores, no seu todo, da utilidade, para eles próprios, da linguística; e o linguista, face aos sentimentos que provoca, tem muitas vezes a impressão de que os professores reagem a esta linguística precisamente como os pais dos alunos face à matemática moderna (seja qual for, repitamo-lo, a sua validade pedagógica ou prática) que os próprios professores facilmente assimilaram no seu conjunto.

E, no entanto, a nível de ensino, toda a gente está de acordo num ponto: o rendimento do ensino da língua francesa já não é o que era — mesmo que seja preciso abster-se cuidadosamente de idealizar os resultados de um passado próximo que, por ser muito elitista neste domínio, não pode de forma alguma comparar-se ao nosso presente. Deveríamos mesmo insistir, mais energicamente, no facto de que a posse mais segura de uma língua escrita e falada de boa qualidade continua a ser, mais do que nunca, imperativo número um do ensino. Primeiro, porque toda a qualificação profissional, mesmo que puramente técnica, passa pela capacidade cada vez maior para adquirir continuamente saber através da leitura pessoal e está muitas vezes associada à capacidade para redigir de maneira aceitável; depois, porque a redução das desigualdades sociais, mesmo que não seja automaticamente comandada pela aptidão para manusear a linguagem, permanece muito profundamente dependente dela. O ser humano mais completo, o melhor preparado para viver no nosso mundo e no de amanhã, continua a ser aquele que sabe ler, escrever e falar (em mais do que um caso pode até pensar-se que esta vantagem tem um peso excessivo e favorece os oradores e os escritores em detrimento de pessoas mais ou menos qualificadas, mas menos eloquentes). Assim como cada época tem as suas cegueiras, devíamos ser mesmo capazes, hoje em dia, de nos livrarmos dos slogans de McLuhan sobre a morte da «galáxia Gutenberg» em benefício da cultura audiovisual. Devíamos ser capazes de perceber que estes famosos *media*, que talham a «aldeia mundial», mais não lhe dispensam do que uma subcultura ou do que uma semicultura, muito labial, de má memorização, de má intelectualização, de má integração, fragmentada; uma cultura do «diz-se que» ou do «já vi isto em qualquer lado». Esta cultura, digamo-lo para já, tem, com efeito, um papel a desempenhar na nossa cultura total, mas que é, frequentemente, complementar, suplementar por vezes. O cerne da nossa cultura, de fins humanos, continua a basear-se, solidamente, na transmissão de saberes, os quais, neste ou naquele momento, passam pela linguagem, *e a maior parte das vezes pela linguagem mais estabilizada: a escrita*. Qualquer de nós o pode verificar se olhar à sua volta; seja qual for o nível em que se coloque, a vida e o mundo pertencem, na sua plenitude óptima, aos que são capazes de ler duzentas e cinquenta páginas seguidas, de escrever dez páginas de notas ou de texto e de falar durante dez minutos para exprimir o que têm para dizer, impondo a atenção porque sabem exprimir-se.

O único problema que falta colocar — e resolver — é o seguinte: será que a linguística, tal como a conhecemos presentemente, responde a estas necessidades? Para todo o linguista de boa fé, seja qual for a teoria a que adira, a resposta é sim; caso contrário, ele não seria linguista, muitas vezes professor e quase sempre atraído pelas aplicações da linguística. Mas esta afirmação tem o seu corolário, muito mais difícil de desenvolver: como podem fazer-se passar as aquisições mais verdadeiras da linguística actual para a prática pedagógica do ensino da nossa língua falada? Tal como todas as obras de linguística que se destinam ao grande público, o livro de Mahmoudian responde a estas questões, mas indirectamente. Com efeito, a primeira coisa a dizer ao leitor, e que nunca é suficientemente dita, é que o conteúdo científico puro de uma tal obra nunca é directamente transferível para a aula, seja ela qual for: a elementar, a secundária ou mesmo a universitária. Os livros deste género são feitos para os professores e em primeiro lugar para eles (sejam eles professores no activo ou futuros professores, quer dizer, estudantes; ou programadores, comprovados engenheiros, etc.). É na sua cabeça que a aquisição da obra deve ser transformada em saber, em práticas assimiláveis por parte «dos que aprendem». Se não se tiver isto em conta, podem ler-se em vão todos os livros do mundo. Isto é tanto mais verdadeiro quanto a obra, como a de Mahmoudian, que é talvez ligeiramente avançada em relação ao seu público em mais do que um ponto, mais não é do que um passo. (Isto deve, aliás, ser considerado como uma qualidade necessária à eficácia deste tipo de empreendimento: transmitir um conhecimento aos iniciantes ou aos falsos iniciantes.) É aqui que é preciso ter a ousadia de se combater um outro moinho de vento da cultura moderna.

Na campanha eleitoral de John Kennedy para a presidência dos Estados Unidos, há vinte anos, muita gente se empenhou em descobrir a «leitura rápida». Muitos sonharam adquirir esta faculdade miraculosa; por todo o tipo de razões poucos a adquiriram. Mas a palavra transformou-se numa palavra miragem, numa espécie de mito mesmo: ainda que dela não se beneficiasse, acreditou-se que, fosse qual fosse o texto, se justificava esta forma de leitura e, mais ainda, que fosse qual fosse a forma de conhecimento, ela podia ser rapidamente adquirida pela leitura rápida, mesmo até pela leitura em diagonal. Este mito arrastou-se de tal forma que durante muito tempo os psicólogos qualificados hesitaram em dizer, e talvez sobretudo em escrever, o que era preciso pensar disto — pelo menos em língua francesa. Sem querer aqui pôr de parte a leitura dita rápida, é possível explicar que este tipo de leitura tem os seus domínios, bastante limitados (a exploração de um artigo, o controlo de uma nota a assinalar, o primeiro contacto com um documento), e que, além disso, tem os seus limites psicológicos em matéria de aquisição de um conhecimento, o que nos interessa em primeiro lugar. Seguem-se sobre este assunto vinte linhas para ler o mais lentamente possível, vinte linhas para serem meditadas por todo o pedagogo e por todo o leitor-aprendiz. São da autoria de dois psicólogos recentes que trabalharam muito sobre a leitura: Ariane Levy-Schoen e Kevin O'Regan.

«É tentador concluir que a leitura eficaz pode ser obtida por um treino puro e simples do olho para executar movimentos mais amplos e mais rítmicos. Esta noção foi a base de uma superabundância de programas de leitura rápida. As investigações sérias sobre o que se produz em tais condições (...) mostraram que os comportamentos do olho são efectivamente sensíveis ao treino. As modificações que podem ser observadas são: a redução do número de movimentos oculares e das fixações, a proporção reduzida do voltar atrás e ainda uma duração ligeiramente abreviada das fixações. Porém, o ritmo ocular pode tornar-se mais irregular e quanto mais ele o for não significa que a compreensão tenha necessariamente melhorado. As experiências de Stoll (...) mostram que a actividade ocular é tão sensível ao treino quanto ao puro encorajamento não específico: 'A verdade é que aqueles que possuem aptidão para compreender depressa e para memorizar facilmente também possuem a capacidade de ler depressa. Esta aptidão nem sempre é utilizada de uma forma espontânea.' De facto não avançámos nada em relação à conclusão de Tinker em 1958. 'O melhoramento obtido graças a este treino (do movimento do olho ou do aperfeiçoamento dos movimentos oculares durante a leitura), com ou sem técnica elaborada, não é maior do que o melhoramento unicamente resultante de uma prática da leitura muito motivada.' Morton (...), no seu *Two Hours Reading Course*, deu uma demonstração convincente a este respeito.» (Levy-Schoen e O'Regan, em *Processing of Visible Language*, Wrolstad e Bauma editores, 1979, p. 16; cf. também pp. 201, 205, 329, 403.)

Pareceu desnecessário meter em itálico as frases com peso neste texto. Ninguém duvida que John Kennedy se depararia com a impossibilidade de preparar num ano, através das técnicas de leitura rápida, os cursos de anatomia comparada, de biologia animal e vegetal e de biologia molecular que constam do programa do concurso de ingresso nas Escolas Nacionais de Veterinária.

Por tudo o que foi dito, compreende-se que o que é preciso preconizar, quando se trata de memorizar, assimilar, estabilizar e, sobretudo, de utilizar conhecimentos, é a «leitura lenta», tão querida a Gaston Bachelard. De passagem, convém notar que não é uma descoberta recente. Detendo-nos num só exemplo, frequentemente depreciado porque não é intelectualmente compreendido, este tipo de memorização foi desde sempre [2] o das grandes escolas e talvez mais ainda o utilizado desde as escolas preparatórias às grandes escolas. Tomar notas, passar a limpo essas notas (destacando as suas articulações, ou seja, a sua organização lógica, a qual é uma forma poderosa de

---

[2] A partir da pré-selecção, de modo algum discutível, depois e sobretudo com a «turne», que é o modelo talvez inexcedível de trabalho de grupo, quando a «turne» resulta.

memorização), relê-las antes da aula seguinte e relê-las uma ou mais vezes antes do concurso ou do exame, eis frequentemente o segredo que separa, num concurso de ingresso, o indivíduo mais velho de uma grande escola do estudante universitário médio. Ou seja, essencialmente uma forma de «leitura», oposta à leitura rápida dos últimos oito dias antes do exame, a qual reduz tudo à memória imediata, tão caprichosa e tão sujeita a falhanços e a becos sem saída.

Um outro aspecto mal percebido nas preparações para os grandes concursos é o da abundância dos exercícios, as famosas «colas», das quais exteriormente só realça o aspecto ginasticado — enquanto o essencial é, sem dúvida, o treino de passagem da «leitura» abstracta de conhecimentos forçosamente abstractos para a sua aplicação no concreto.

Ser-me-á, talvez, chamada a atenção para o facto de estar longe da linguística e da leitura do livro de Mahmoudian, uma vez que todo o meu preâmbulo só tem um objectivo: fazê-lo ler. Só que para o ler eu corro aqui, tardiamente, o risco de escrever coisas que repeti durante dezenas de anos, mas que nunca ousei escrever por me parecer, pedagogicamente, irem para além de si próprias. Para fazer ler com proveito, sobretudo um leitor-aprendiz solitário (que ele tenha ou não, paralelamente, um professor), é preciso ensinar-lhe a ler, quanto mais não seja o pequeno «Que sais-je?» mais modesto. A leitura lenta (a qual não exclui, para os curiosos, os impacientes, os apaixonados, o prévio relance um pouco prematuro da obra) é a primeira destas aprendizagens.

Antes de deixar para trás este domínio, também não seria mau assinalar algumas técnicas de leitura de exploração rápida e autêntica; técnicas muito praticadas, mais ou menos sistematicamente, por todos os trabalhadores intelectuais, mas muito raramente transmitidas de maneira sistemática aos leitores-aprendizes. A primeira é a de tomar contacto com a obra através do seu índice, nele assinalando, linha após linha, o conteúdo bem como a organização geral, que revela o andamento do todo. Depois, examinando-se sem pressa até porque isto se faz depressa, o índice dos nomes dos autores citados e a bibliografia, o que permite situar o ambiente cultural em que o autor se move. Depois ainda, pode folhear-se o livro para explorar as suas notas de rodapé, o que completa o que acabámos de explorar. Por fim, e se o livro o tiver, deita-se uma olhadela ao *index rerum*. Há quem, graças a estes dois índices, continue a sua busca com algumas sondagens acerca deste ou daquele autor ou tema, que conhece bem (por exemplo: Dionísio d'Halicarnasso? pp. 14, 149; Gassendi? pp. 75, 80, 81, etc.; «frase»? pp. 11-12, 15, 16, 65, 79, etc.; «predicado»? [ausente do índice], etc.). Esta primeira aproximação de um livro é sempre muito proveitosa.

Mas voltemos à leitura lenta, através da qual se justificam em primeiro lugar todas as obras de grande iniciação, sobretudo quando abordadas por não-especialistas ou por iniciantes. Estes livros mereceriam ter todos em subtítulo o título de Nathaniel Hawthorne, *Contes racontés deux fois*, cuja profundidade real só compreendi depois de ter feito a experiência dos livros de trabalho: tal como estes contos, que só existem realmente no nosso imaginário vivido por terem sido repetidos, também estas obras devem ser lidas pelo menos duas vezes ou, melhor ainda, lidas frequentemente. Toda a gente o sabe ou crê sabê-lo, mas quase ninguém o faz: mesmo em relação aos romances (sem falar das poesias!), só os autênticos leitores sabem que a prova irrefutável se dá quando se relê.

Também é preciso saber que o arranque é, muitas vezes, um pouco difícil; é um cabo a dobrar. Também aqui nos arriscamos a repetir aquilo que acreditamos ser um truísmo: ao ler, tenham sempre à mão um dicionário; ou seja, no caso presente, um dicionário de linguística. O tempo do arranque, e não só ele, ganhará com isso. É um conselho que toda a gente já ouviu centenas de vezes desde que entrou para a escola. Muitos professores, que não fazem o que dizem, estão convencidos de que este conselho não é ouvido. Mas enganam-se: vi-o ser frequentemente seguido por aqueles que obtêm êxito. «A cábula no bom e velho dicionário» é um daqueles segredos da organização do trabalho intelectual de que os laureados nunca falam, porque isso para eles está implícito. E não é por a fórmula ser de Anatole France que deve ser deitada às urtigas.

A este pretenso truísmo deveria juntar-se outro, ainda mais antigo, se tal for possível: «Leia sempre de caneta na mão.» Esta prática perde-se na noite dos tempos. Se se pudesse reconstruir a biografia dos maiores trabalhadores intelectuais, encontrá-la-íamos sempre. Tomar notas (nos séculos XVI, XVII, XVIII e mesmo no XIX dizia-se: «fazer os extractos» de uma obra); resumos de leitura; reformulações pessoais; anotações à margem, também pessoais, quando se trata de um livro que é de quem o lê: pontos de interrogação, de exclamação, comparações, setas, grandes riscos a lápis à frente de uma frase, de um parágrafo; as palavras ou frases sublinhadas, etc. Os leitores mais organizados acrescentam a tudo isto a constituição do seu índice pessoal, nas últimas páginas em branco do livro: as suas próprias palavras-chave, os seus temas e as recorrências destes, as frases orientadoras, etc. Tudo isto cuidadosamente acompanhado de chamadas para as páginas. Esta leitura lenta é uma leitura activa, uma leitura organizada, memorizada, assimilada. Um livro assim lido é possuído — e por muito tempo, talvez para sempre. Vinte e cinco anos mais tarde encontrar-se-á lá, em trinta segundos, o que se quiser.

Vou acrescentar ainda alguns outros conselhos para a leitura lenta, que já não são técnicos, mas que nunca são dados. Talvez porque sejam mais especificamente eficazes no que respeita às leituras linguísticas.

O primeiro é o seguinte: «Nunca passe por cima de uma frase que não compreendeu.» Sobretudo no início de uma obra; sobretudo se essa frase lhe parece demasiado abstracta, ou demasiado geral ou demasiado obscura. Para começar, o dicionário está presente. Depois, está a sua própria reflexão, sem contar, o que é mais frequente do que se pensa, com a colaboração de alguém do seu relacionamento. Tomemos, por exemplo, esta frase (cap. I, p. 26): «Não é preciso demonstrar que os fonemas de uma língua não se combinam se não houver restrições para formar palavras». Estas «restrições» não estão à vista logo à primeira. Procure, então, um exemplo de uma sequência de fonemas, que não se encontram em francês, seja no início seja no fim. Irá seguramente descobrir, pelos seus próprios meios, mais do que pensava, em termos de curiosidade e inesperado, e isso irá conduzi-lo mais longe do que pretendia. Assim, no francês actual, não existe nem pode existir palavra alguma começada pelo grupo consonântico *kstr* (este grupo é possível no intervocálico com duas sílabas: *extra* [eks-tra]). Pensará no grupo *chl* (que se pronuncia /š+1/ e não /k+1/ como em *chlore*); e descobrirá, quase todos ausentes do dicionário, *chleuh, chlass chlinguer* (ou *schlinguer*), *aller au schlof* [dormir], o que chamará a atenção para o facto de que há grupos de fonemas que entram em francês por via dos empréstimos das línguas estrangeiras (neste caso o berbere e o alemão), no registo menos resistente às normas, o registo vulgar ou familiar. Neste caso, as únicas palavras tradicionais — e que se encontram no *Littré*, datado de 1880 — são *schlague* e *schlitte* também elas provenientes do alemão. Acrescentamos, ainda, que estes exemplos que podem parecer faltar na página citada, poderão ser encontrados na pág. 28, quando o autor escreve: «Para formar uma sequência fónica, o falante pode escolher um fonema qualquer em inglês à excepção do /ŋ/...». A leitura lenta é também a perseverança em relação ao contexto.

No seguimento do que tenho vindo a dizer, encontramos o segundo conselho: mesmo quando um texto fornece um exemplo, que se refere a um fenómeno linguístico, procure um segundo exemplo, que seja do seu conhecimento. Nunca se está verdadeiramente seguro de ter compreendido o valor explicativo de um exemplo, em matéria de linguagem, se não se for capaz de encontrar outros exemplos que sejam justificados através da mesma análise. Neste caso, talvez o exemplo do inglês /ŋ/ de *king* fará pensar no fenómeno inverso em francês para o fenómeno vizinho /ñ/ — não o /n+i/ de *niais, nielle, venions, niant,* nem o /g+n/ de *gnôme* ou *gnose,* mas sim o que se ouve ainda muitas vezes em *feignant, oignon, poignée,* etc. Descobrir-se-á, então, que, sem ser impossível, o fonema /ñ/ é raríssimo no início, em francês: *gnognote, gnangnan, gnôle, gnon,* que já constam do *Littré,* com *gniaf;* aos quais se poderá juntar *gnias, gniasse, gniard, gnouf,* bem como o lionês *gnafron,* ausentes do *Larousse;* pertencem todos à gíria, são vulgares ou muito simplesmente populares e, mesmo assim, indicam um certo avanço na fonologia do francês falado (com *gnocchi,* do italiano). A partir daqui, poderá mesmo entreter-se a procurar, por exemplo, tanto os grupos /p+consoante/, que são possíveis no início em francês *(pl, pn, pr, ps, pt),* como os impossíveis *(pb, pc, pd, pf, pg, pj, pk, pm)* e, se houver excepção *(pfuit!* ou *pfennig),* o porquê é evidente. Poderá, deste modo, aprender coisas vivas sobre a sua própria língua.

Exercícios como os que fizemos não se limitarão à fonologia. Assim, cap. 3, pág. 46, encontra-se a seguinte frase: «Consideremos que as funções de comunicação e de expressão se definem, respectivamente, como transmissão da experiência (comunicação) e exteriorização pura e simples da experiência.» Mesmo que munido do seu glossário, o termo *expressão* confundi-lo-á. Consultados os dicionários não se encontram exemplos. Felizmente que o contexto na pág. 47, refere um: *aïe* (ai). A partir daí poderá compreender-se melhor a função de expressão (de exteriorização pura e simples do vivido pelo falante), por contraposição em relação à função de comunicação. Pensar-se-á seguramente em *aïe, aïe, aïe! Ouille, Ouille, Ouille! Aaah! Oooh! Oh! Oh! Oh! Hiiii!*, que em nada informarão o dentista sobre as diferenças entre as dores por que se está sem dúvida a passar. E, na pág. 48, pode divertir-se a verificar a «economia» que permite a estrutura dos monemas feitos com os fonemas reempregues: com os quatro fonemas de *marais* /marè/, pode também obter-se /èmra/, *(aimera, aimeras)*, /ramè/ *(ramais, ramait, ramaient)*, /armè/ *(armais, armait, armaient)*, /amèr/ *(amer, amère, amers, amères)* e ainda /èmar/ *(Aymar* ou *Aymard)*, 15 palavras com 4 fonemas. Ou então, a propósito desta ideia fundamental para a linguística moderna, que consiste em que «um facto de experiência só se pode tornar num significado e num signo linguístico se o nosso envolvimento natural ou cultural a isso nos conduzir» e em que «o conteúdo linguístico está indissoluvelmente ligado ao mundo e à experiência que o homem dele tem» (pp. 51 e 56 — a obra dá bons exemplos clássicos. Mas o hábito da leitura aplicada (na plenitude deste termo) fez com que se caísse, por exemplo, na palavra *consobrin*, utilizada pelo presidente de Brossos, num contexto bastante leve. Em nenhum dicionário francês, nem no *Littré* nem mesmo no seu suplemento, ela aparece. Mas, se se tiver em conta o dicionário de latim ou o italiano ou o de francês antigo (século XIV) encontrar-se-á: «primo germânico do lado materno». E descobrir-se-ão, assim, civilizações em que esta palavra tinha (e em certos sítios da Itália ainda tem) uma importância jurídica e/ou sociológico-familiar que justificava a sua existência distinta e a sua sobrevivência.

A língua oral que rodeia cada um e a língua escrita das leituras de cada um tornar-se-ão, deste modo e a pouco e pouco, a fonte sempre viva de observações melhor informadas sobre o seu funcionamento. Que proveito poderá tirar, por exemplo o professor, desta simples observação (cap. 4, pág. 79-80): nem sempre se pronuncia o que se crê pronunciar, o hábito inveterado da escrita com a sua estabilidade gráfica das palavras engana-nos muito mais vezes do que pensamos. De antemão, um catálogo das palavras da família (fónica) de *second* [sögõ] seria instructivo. Mas, se se aceitar observar este fenómeno — verificado em centenas ou mesmo em milhares de palavras e válido para todos os fonemas — que «se pronuncia geralmente da mesma maneira *p* e *b* ortografados em *gypsophile* e em *gibecière*», far-se-á uma bela colheita. E se (acessoriamente?) se descobrir a fonte dos inúmeros erros que se atribuem à irreflexão, à ignorância ou à preguiça dos alunos: é muito simplesmente a fonética combinatória que explica que a articulação de um fonema é atraída (digamos assimilada, total ou parcialmente) pela de um fonema vizinho e isto segundo regras permanentes. Neste caso: o /b/ sonoro de *gibecière* torna-se surdo (como um /p/ do mesmo modo e do mesmo ponto de articulação) por proximidade do /s/ surdo (-*cière* [žipsièr]).

Compreendida esta matéria, a ginástica de procura de exemplos pessoais constitui um verdadeiro teste contínuo de compreensão para a leitura individual. Isto acontece, quando o autor (cap. 5, pág. 91), por necessidade da sua demonstração, admite, hipoteticamente, uma língua onde cada unidade só teria uma função, ou seja, só teria uma única relação sintáctica (e semântica) com as outras unidades das frases. Se *Luc* fosse empregue como «agente», seria necessária uma outra forma, *Bad*, por exemplo. quando *Luc* fosse sujeito de uma passiva, *Ter*, quando fosse completamente indirecto, etc. À primeira vista, tais línguas não existem e, quando possíveis, seriam antieconómicas. Mas o fenómeno existe, mesmo em francês. O leitor que se apercebesse de que o pronome da 3.ª pess. do pl. é *ils* (sujeito), *les* (objecto). *leur* (complemento indirecto), *eux* (complemento indirecto preposicional), provaria a si próprio que sabe ler. Encontraria, aliás, a confirmação mais adiante (cap. 5, pág. 115) com a 1.ª pess. do sing. (*je, me, moi, mon, ma, mien*, etc.).

O primeiro parágrafo da pág. 100 ofereceria de igual modo, devido à extrema generalidade da sua formulação, um bom campo para exercícios de investigação.

Acrescentamos, ainda, e para terminar com esta arte de ler, que a procura dos contra-exemplos, sobretudo quando resultam de observações e não de construções *ad hoc*, é um teste e um estimulante. Se eu aqui não os cito é porque não orientei a minha leitura nesta direcção e porque os pontos em que poderia ter contraposto Mahmoudian, seriam demasiado técnicos para esta introdução. Que me seja, no entanto, permitido concluir ainda com outro conselho, que nem sempre é cómodo de seguir, mesmo para os estudantes, que, por definição, partilham da camaradagem, quando não do convívio, dos anfiteatros: procure nunca trabalhar como leitor isolado: «A ciência não pode ser adquirida quando se estuda só», diz o Talmud.

Assim é a leitura activa. E o livro de Mahmoudian presta-se bem a ela. Se bem que funcionalista como André Martinet ou André Haudricourt, depois de Troubetzkoy, e como Jan Mulder, como Eugenio Coseriu, ou Henriette Walter, ou Claude Hagège, ou Denise e Frédéric François, para só citar estes (e como algumas centenas de linguistas dos dois mundos), ele oferece uma visão sobre o funcionalismo que é nova em muitos aspectos. Assinalemos, neste ponto e de passagem, que o funcionalismo (tal como o marxismo), periodicamente enterrado por observadores apressados e muitas vezes afastados, passa bem. É mesmo provavelmente a doutrina linguística que até hoje melhor resistiu (depois de Saussure e de 1916!) aos fluxos de que a linguística, tal como as outras ciências humanas, foi vítima por entre as obstruções e os sobressaltos de desinteresse dos *media*, os quais tratam cada vez mais as ciências como fontes de escape à sensação, passageiras por definição. Sob este ponto de vista, o artigo de Bernard Saint-Jacques sobre «Les tendances fontionnelles des théories syntaxiques post-transformationnelles» (*La Linguistique*, 1981-1, volume XVII, pág. 103-111) merece que lhe prestemos atenção.

Portanto, Mahmoudian, se bem que funcionalista, informa sobre as outras correntes linguísticas, comedidamente, mas a fundo. Discute com estas outras correntes, o que é raro; não esconde os seus desacordos, mas exprime-os pausadamente. Deste modo, consegue inquietar os seus adversários (quando eles o lêem), bem como os seus amigos. Estabelece sempre diferenças pouco sensíveis, sem ser ecléctico. Tem o sentido das etapas. A sua personalidade científica, com todas as suas predilecções e os seus pontos fortes, afirma-se de um forma natural. Todo o capítulo 6 deve ser ponderado: no que respeita aos conceitos de constância e de variação, ligados aos de estruturas centrais restritivas, opostas a outras estruturas, mais periféricas e mais sem concisão no uso e na consciência de quem as usa. Poderia também dizer-se: de estruturas frequentes onde o consenso social é total ou quase total, opostas a estruturas menos frequentes sobre as quais há hesitação no que respeita à aceitação. O que ele diz, neste mesmo capítulo, sobre a experimentação em linguística é, igualmente, qualquer coisa de pessoal, independentemente dos trabalhos de William Labov — mas os dois investigadores corroboram-se mutuamente.

De uma maneira geral, num momento em que, em linguística, o perigo de dispersão nunca foi tão grande, a obra de Mahmoudian propõe, mesmo aos iniciantes, uma concentração — no sentido em que se diz que um desportista se concentra antes da prova. O esforço aqui proposto é o de cada um dar a si próprio um acesso coerente à linguística actual. Assim como em todos os trabalhos em que a coerência — mesmo pedagógica — provém de uma teoria explicitada como tal, o texto de Mahmoudian pode passar por ascético. Pela minha parte, creio que é um elogio.

Georges MOUNIN

1. A NATUREZA DA ESTRUTURA LINGUÍSTICA E AS SUAS RELAÇÕES COM OS FACTOS EMPÍRICOS [1]

1. Qual é a natureza da estrutura linguística?

A resposta a esta questão varia — obviamente — conforme as escolas e as teorias linguísticas. Mas, para além da diversidade terminológica, as respostas apresentam uma convergência, pelo menos nos seguintes pontos: a estrutura linguística caracteriza-se pela regularidade dos factos de uma língua, pela existência de classes, pela primazia do conjunto (=sistema) sobre a unidade e, por fim, pelas diferenças e pelas semelhanças da estrutura de uma língua com outra. Estes pontos são escolhidos como ilustração, por entre os problemas mais debatidos. As semelhanças não ficam por aqui.

O objectivo deste capítulo é o de evidenciar a possibilidade de um relance sobre a linguística que não seja nem demasiado aproximativo nem uma visão exclusiva de factos que interessam a uma só escola, estando, no entanto, esta possibilidade inscrita na própria existência dos pontos de convergência. No que se segue, passaremos em revista os pontos comuns das teorias linguísticas.

Esta comparação das teorias tornou-se difícil por duas razões: por um lado, a diversidade terminológica encobre as semelhanças dos conceitos expostos, por outro, a unanimidade não é concebida com base no lugar e no valor atribuídos a estes pontos ditos

---

[1] Neste capítulo não serão dadas indicações bibliográficas, uma vez que está concebido como um relance sobre os traços comuns e os diferenciadores das teorias linguísticas. O leitor poderá reportar-se às págs. 49, 50 e 52 e às referências indicadas nessas páginas. Encontrará, igualmente, indicações bibliográficas no nosso estudo «Convergences et divergences dans les théories linguistiques».

comuns. Mesmo se uma ideia é mantida por diferentes escolas, a tónica é sobretudo colocada sobre este ou aquele aspecto dos fenómenos linguísticos.

2. Regras e classes

Os factos linguísticos estão submetidos a regras e estas regem não unidades isoladas mas conjuntos (=classes) de unidades. Eis duas ideias antigas e intuitivamente bastante evidentes para que nos contentemos com breves observações. À partida, a existência de regras é a condição própria de toda a descrição linguística. As obras de gramática não teriam razão de ser se o conjunto de todos os elementos de uma língua fosse livre. Não é preciso demonstrar a ninguém que os fenómenos de uma língua não se combinam sem restrições para formar palavras nem insistir no facto de que qualquer sucessão de palavras não constitui frase de uma língua.

No que respeita às classes, o conceito está presente nas tradições gramaticais mais antigas: falar de partes do discurso ou de categorias gramaticais é admitir a existência de conjuntos de unidades definidos com base nas propriedades comuns destas últimas. Há mais de dez anos que o interesse da taxonomia e o valor das operações de classificação em linguística são sucessivamente postos em causa; uma vez afastado o aspecto polémico destas discussões, o que se pode ganhar ou perder com o debate, fora de toda a polémica, é a determinação do alcance da taxonomia e a fundamentação teórica dos critérios de classificação. A necessidade da noção de classe não está em causa; a prova está em que os adversários mais virulentos da taxonomia não se privam do recurso às classes (tais como nome, verbo, adjectivo, etc.).

3. Unidade e estrutura

Um princípio comum a todas as correntes do pensamento linguístico do século XX é o de que a estrutura, o sistema, prima sobre a unidade; nenhuma delas teve a audácia de definir as unidades isoladamente, por recurso único às propriedades físicas.

Em compensação, a atitude diametralmente oposta foi adoptada por alguns linguistas, os quais concebem a unidade como a soma das suas próprias propriedades relativas. Numa tal concepção — que é, *grosso modo*, a de algumas teorias formalistas, como a glossemática de Hjelmslev — a unidade só tem existência na e pela estrutura de que faz parte. Ela é definida pelas relações que contrai com as outras unidades, e unicamente por estas relações. Hoje em dia, seja qual for a óptica teórica escolhida, a definição das unidades apela para as relações que unem uma unidade às outras, ou seja à estrutura. Têm-se, também, em conta as características físicas, mas a parte reservada às propriedades físicas e às relativas varia de teoria para teoria.

4. Semelhanças e diferenças

Um dos problemas que a linguística estrutural levantou foi o das semelhanças e diferenças entre as línguas. Ao reagirem contra os exageros de uma tradição gramatical, os estruturalistas quiseram limitar ao mínimo as hipóteses de partida, para evitar qualquer deformação dos factos observáveis. Insistiram também sobre as diferenças que podem manifestar as línguas na sua estrutura. Alguns deles chegaram a dizer que a estrutura das línguas podia variar em proporções imprevisíveis, o que é, seguramente, um excesso no sentido oposto ao da gramática tradicional; porque, em toda a lógica, a ciência linguística só é possível se o objecto língua puder ser definido. Por outras palavras, a possibilidade desta ciência implica que, para além da sua diversidade, as línguas apresentem características comuns, as quais constituem os traços definidores da linguagem humana.

Não porque a unidade seja feita com base neste ponto, mas porque as teorias admitem a existência de diferenças e de semelhanças entre as línguas. O que as divide é a tónica posta nas propriedades comuns ou nos traços diferenciadores das línguas. É-nos dado um exemplo através da discussão sobre a arbitragem linguística ou sobre a universalidade dos fenómenos da linguagem. Os que postulam a existência de arbitragem linguística reconhecem, facilmente, limites a esta arbitrariedade. Assim, em fonologia, o princípio da arbitrariedade implica que o corte de contínuo sonoro em fonemas possa variar de língua para língua. No entanto, admite-se, simultaneamente, que todos os factos fónicos não têm uma aptidão igual para assegurar as funções fonológicas — o que é um condicionamento físico da estrutura fonológica. Por outras palavras, a natureza física do som imprime a sua marca à estrutura. E isto resume-se em dizer que a arbitrariedade linguística tem limites.

Contrariamente, ninguém parte da ideia de que alguns elementos estão presentes em todas as línguas, que eles são, pois, universais da linguagem humana. Porém, o conceito de universais, considerado na sua acepção estrita, implica que alguns elementos estão, obrigatoriamente, presentes em todas as línguas; na sua ausência, o objecto de estudo não poderá ser considerado como língua; uma condição *sine qua non*, de qualquer forma. Se assim era a exigência da tese universalista no seu início, hoje em dia, pelo contrário, tudo se encaminha para uma concepção mais matizada; aos universais é reconhecido um carácter relativo, eles são concebidos mais como tendências estatísticas do que como elementos restritivos.

De facto, as duas teses tocam-se. Tendo como princípio de base o da arbitrariedade, parte-se das diferenças para se chegar às semelhanças; ou, inversamente, se se considerarem os universais, toma-se como ponto de partida as semelhanças para se atingirem as diferenças. A oposição entre estas duas teses faz estranhamente lembrar a diferença entre uma garrafa meio vazia e uma garrafa meio cheia.

5. Restrições e latitudes

Pode conceber-se a estrutura de uma língua como um conjunto de latitudes e de restrições. Para formar uma sequência fónica, o falante pode escolher, em inglês, qualquer fonema (à excepção do /ŋ/), mas, uma vez escolhido o primeiro fonema, a escolha do segundo está submetida a restrições. Estas — que se manifestam não só no plano fónico mas também nos sintáctico e no semântico — podem ser análogas ou muito diferentes, de língua para língua.

Isto faz com que a teoria linguística seja, ao mesmo tempo, possível e complexa. Possível, porque as estruturas linguísticas são diferentes, mas não até ao infinito; complexa, porque as estruturas linguísticas apresentam alguns traços comuns, não sendo nenhum traço restritivo em si, mas somente provável.

Estas restrições a que a linguagem está submetida, estas latitudes de que ela goza, referem-se não só à estrutura (=código ou sistema) mas também ao uso — essencialmente comunicativo — que delas é feito e, ainda, à pessoa que a utiliza o homem.

O facto de as restrições e latitudes da linguagem não serem unicamente imputadas à estrutura está cheio de implicações. Isso tem como consequência que a estrutura única (formal) não constitui lei, mas sim que suporta a pressão de outros factores; que a estrutura não pode constituir por si só o objecto da linguística. Limitar o objecto da linguística à estrutura conduz ao impasse, tal como o prova a experiência da glossemática de Louis Hjelmslev e o abandono em que ela se encontra.

6. Conclusão

Acabámos de ver, de forma muito sintética, que diversas tendências linguísticas, que seguidamente iremos encontrar, apresentam pontos comuns na sua concepção da linguagem. Todas elas reconhecem às línguas um carácter estruturado; na medida em que as frases (ou, de uma maneira geral, os elementos simples ou complexos) de uma língua se regem por regras, as quais são válidas para classes de elementos e não para unidades isoladas; na medida em que as estruturas linguísticas apresentam semelhanças e diferenças de língua para outra língua — semelhanças e diferenças essas que se referem ao que é o homem e ao que ele faz da linguagem.

Optámos por mostrar a convergência actual das escolas linguísticas, ilustrando-a através de alguns temas mais debatidos. É evidente que, também noutros temas, as conclusões podem estar próximas. Sem entrar em pormenores, diremos que a função comunicativa é cada vez mais reconhecida e considerada como uma das funções — centrais, sem dúvida — da linguagem. Admite-se, ainda, que os factos linguísticos incorporam não só os fenómenos do significante mas também os do significado, abandonando, deste modo, os fins utópicos de uma linguística distribucional, desprovida de toda e qualquer consideração semântica.

Os enunciados de uma língua não são uma totalidade indivisível, mas sim articulada em elementos mais pequenos, tais como fonemas, monemas, etc. Por outras palavras, as articulações constituem uma das características da linguagem humana. Reconhece-se, finalmente, à linguagem um poder comunicativo universal (omnipotência semiótica) na medida em que as línguas são capazes de tudo comunicar ou, pelo menos, na medida em que não se conhece nenhum limite às possibilidades comunicativas da linguagem humana. Tudo isto, e repetimo-lo, formulado em terminologias diferentes e baseado em hipóteses de partida diferentes.

2. PROBLEMAS EPISTEMOLÓGICOS DA LINGUÍSTICA

1. Linguística: ciência da linguagem

A linguística é definida, geralmente, como a ciência da linguagem. Esta definição deveria bastar para dissipar dois mal-entendidos ainda muito difundidos. O primeiro consiste em confundir linguística com poliglotismo; o segundo atribui à linguística objectivos normativos. Porém, o essencial da actividade do linguista é estranho a estas preocupações.

Para as suas necessidades comunicativas, o linguista, tal como qualquer outro investigador, pode servir-se de mais de uma língua. Mas não é linguista aquele que conhece algumas línguas; assim como a utilização de vários meios de locomoção (velocípede, motorizada, automóvel, etc.) não implica, de forma alguma, da parte de quem os usa, o conhecimento das leis da mecânica. No que respeita ao outro mal-entendido, convém salientar que o linguista não reconhece a si próprio o direito de prescrever uma norma, de condenar certos usos nem de deles se desinteressar. Os idiomas, em todas as suas variedades, dependem do domínio da linguística e enquanto tais interessam-lhe [1].

A definição de linguística como estudo científico da linguagem tem implicações muito mais importantes. Porque toda a reflexão ou observação de um objecto não constitui em si uma actividade científica. É por isso que algumas condições devem ser satisfeitas. É esta procura de rigor científico que conduz os linguistas a colocarem a si próprios problemas epistemológicos.

---

[1] Ver André MARTINET, *Le Langage*, Introdução.

2. Humanidade e ciências

Será possível uma investigação científica sobre os fenómenos humanos? A definição que acabámos de dar de linguística implica uma resposta afirmativa. Mas uma tal resposta não é suficiente. Na primeira metade do nosso século, os linguistas tiveram de lutar para que a linguística fosse reconhecida como uma disciplina científica. O obstáculo a este reconhecimento provinha da posição espiritualista, que a maioria daqueles que se interessavam pelas humanidades adoptava. Nesta óptica, e segundo os seus defensores, os factos humanos considerados como rebeldes a todo o estudo científico não poderiam ter sido objecto de investigações submetidas a métodos rigorosos e não teriam permitido pôr em evidência as relações causais. Para apoiar estas teses, evocavam-se o espírito e vontade que, intervindo no comportamento do homem, teria entravado os laços de causa a efeito no domínio dos fenómenos humanos, nele compreendida a linguagem [2].

Hoje em dia este preconceito está largamente ultrapassado. Não porque a linguística seja uma ciência adquirida nem mesmo porque ela tenha atingido o mesmo grau de maturação e de elaboração que as ciências da natureza; muito falta para tal. O debate sobre o objecto e o método da linguística permanece aberto; ele renova-se, enriquece as recentes experiências e conhecimentos, permitindo, assim, à teoria linguística desenvolver-se.

Não é sem peripécias que se processa uma busca deste tipo. No seu entusiasmo e na sua pressa em atingir um estatuto científico, alguns linguistas acreditaram, por volta dos anos 50-60, ser um facto consumado que os métodos da linguística estavam solidamente estabelecidos e que a linguística podia e devia servir de modelo às outras disciplinas das ciências ditas humanas. Atitude nefasta, para o linguista que considerava, sem razão, a linguística como uma ciência adquirida, e também para as outras ciências humanas, em virtude da confusão que ela poderia induzir entre o que é, por entre os conhecimentos adquiridos da linguística, próprio da linguagem e o que é válido no plano do conjunto das ciências humanas.

---

[2] BLOOMFIELD, *Le Langage*, Capítulo II, e HJELMSLEV, *Prolégomènes*, Capítulo II.

3. Ideia e conceito

Para que a linguística seja claramente definida, é ainda preciso que sejam explicitadas as duas noções de ciência e de linguagem. O objecto «linguagem» poderia parecer fácil de abordar; no entanto, bastou colocar algumas questões precisas para que se chegasse à conclusão de que assim não é. As frases que trocamos no dia-a-dia pertencem, sem dúvida, à linguagem; mas não será que a representação destas mesmas frases em Morse, por exemplo, também dela releva? Será que as linguagens de alguns grupos étnicos africanos ou americanos, que são tamboriladas, resultam da linguagem (num sentido não metafórico)? Constituirá um facto de linguagem a entoação pela qual podemos exprimir as nossas dúvidas, hesitações, admirações, etc.? Através de gestos, podemos sem dúvida intimar o nosso interlocutor a vir até nós, a ir-se embora, a parar, a calar-se, etc.; tratar-se-á, por isso, de actos de linguagem? Pelas atitudes, pelas modificações dos traços, pelo comportamento de uma pessoa, podemos compreender — ou pelo menos adivinhar — algumas coisas quanto às suas intenções, a sua saúde, o seu humor; será, tudo isto, factos de linguagem? Pelos sinais de trânsito, a polícia dá-nos a conhecer proibições, indicações ou outras mensagens. Constituirão estes sinais uma linguagem? E a mímica, e o cinema?... Estas questões — assim como outras da mesma ordem — mostram claramente que o objecto «linguagem» não está delimitado de maneira natural. E as diferentes respostas que elas poderiam receber levam a provar que a consciência intuitiva que as pessoas têm do objecto linguagem — a ideia que dele têm, como de qualquer outro objecto — está sujeita a flutuações e a variações. E isto porque a sua experiência é complexa. Uma disciplina que se quer científica tem de definir, à partida, o seu objecto e o seu método. Assim procedendo, a linguística liberta-se dos preconceitos de evidência e pode basear-se nos *conceitos* explícitos e coerentes [3].

---

[3] Para ideia e conceito, de um ponto de vista geral, ver GRANGER, *Pensée formelle*, Capítulo VI, nomeadamente § 6.23-6.26. A definição do objecto da linguística é tratada em quase toda a introdução à linguística; assinalaremos SAUSSURE, *Cours*, Capítulos II e III, pp. 20-35, MARTINET, *Éléments*, Capítulo I, bem como BLOOMFIELD, *ibid.*, e HJELMSLEV, *ibid.*

4. Como definir um objecto?

Para definir um objecto pode proceder-se de duas maneiras. A primeira seria por enumeração ou, segundo a terminologia lógica, definição por extensão, e consiste em enumerar as diferentes manifestações deste objecto. Por exemplo, para definir a língua, dir-se-ia que o francês, o inglês, o tamul, o bamiliké, o trumaï, etc., são línguas. Mas esta maneira de pesquisar apresenta inconvenientes para um trabalho científico. Por um lado, porque é materialmente impossível enumerar todas as manifestações de um objecto, na circunstância todas as línguas actualmente faladas e, além disso, as do passado e as do futuro; por outro, mesmo que esta enumeração fosse possível (com alguma aproximação) seria pouco interessante e isto porque ela não conduziria, de forma alguma, à compreensão do fenómeno língua, das suas propriedades, da sua estrutura.

Um outro passo para o definir seria o de proceder à caracterização. Neste caso, definir-se-ia uma língua pelas suas propriedades; dir-se-ia, por exemplo, que uma língua assume tal (tais) função (funções), possui tal (tais) estrutura (s). É aquilo a que se chama, na terminologia lógica, definição por compreensão (ou intenção). A vantagem deste tipo de definição está em que, sem conhecer todas as manifestações do objecto — as línguas, neste caso —, se pode dar uma definição, que seja bastante geral para não excluir as que o investigador não examinou para a elaboração da sua definição.

Esta atitude impõe que a definição contenha hipóteses, permitindo um tri[4] entre as propriedades das línguas observadas; e isto porque as propriedades de uma língua são numerosas, demasiado numerosas, para que se chegue a uma definição geral, se forem todas levadas em conta. Se as línguas que eu conheço possuem todas uma classe verbal, uma classe nominal, uma classe adverbial e modalidades de tempo, de modo e de aspecto, poderia ser tentado a incluí-las todas na definição do objecto «língua». Procedendo deste modo, propunha uma definição demasiado específica, a qual colocaria problemas, em confronto com línguas que não teriam nem classe verbal nem modalidade de tempo.

---

[4] Prefixo latino que significa três. *(N. da T.)*

Impõe-se, pois, um tri entre as propriedades das línguas. A ideia subjacente a este tri é a de que as características de uma língua não têm todas a mesma importância; porque elas são *hierarquizadas*. É esta hierarquia que baseia e justifica o tri. Se só retivermos as propriedades fundamentais das línguas como características definidoras, as outras propriedades serão características virtuais que podem distinguir os diversos tipos de língua.

A definição que se dá da linguagem comporta hipóteses sobre as propriedades fundamentais das línguas. Constitui, por conseguinte, uma teoria, cujo valor pode e deve ser medido pela sua adequação ao objecto «língua».

5. Indução e dedução

Como se deve proceder para isolar as propriedades do objecto? Dois passos são possíveis: a indução e a dedução. Por indução entende-se a operação que permite, a partir de casos dados (singulares ou especiais), chegar a uma proposição geral. Ao verificar que os enunciados do inglês, do árabe e do chinês são constituídos por monemas, pode concluir-se que todas as línguas têm os seus enunciados compostos por monemas; é um passo indutivo. A dedução designa o processo segundo o qual se toma uma proposição como premissa e se formulam outras proposições que dela emanam.

Indução e dedução estão implicadas, em graus diversos, nas diferentes fases da operação que conduz ao conhecimento científico. Partindo da observação dos factos da experiência chega-se ao enunciado das hipóteses, que constituem as bases da teoria. Neste caso, age-se por indução. Destas hipóteses (chamadas premissas ou axiomas) tiram-se conclusões (sob a forma de teoremas e definições); esta fase da elaboração teórica é dedutiva. Para apreciar a adequação da teoria deve recorrer-se a experiências; aí intervém, ainda, a indução.

Foram dadas respostas diametralmente opostas [5] à seguinte questão: «A investigação científica deve ser dedutiva ou indutiva?» Se o termo «científica» so-

---

[5] Por exemplo, BLOOMFIELD (ibid.) preconiza a indução, enquanto HJELMSLEV (*Prolégomènes*, Capítulo IV) e MARTINET (*La Linguistique*, Capítulo I, nomeadamente secção II) preconizam um método dedutivo.

mente se aplica à segunda fase, na qual se formam, segundo as regras, os axiomas, de que derivam os teoremas e as definições, a dedução é o passo privilegiado. Se «científica» se aplica ao conjunto das três fases (consulta dos dados empíricos, construção de teoria, verificação), então a indução e a dedução têm o mesmo direito. O que, em todo o caso, parece certo é que a indução, por si só, não pode bastar para o trabalho científico: os factos concretos que nos são dados a observar, são demasiado complexos e diversas observações (de diferentes pessoas ou da mesma pessoa em momentos diferentes) conduzem a resultados diferentes e até mesmo opostos.

6. Hipótese e refutação

Toda a teoria linguística, dado que comporta hipóteses (por entre inúmeras possíveis) sobre o objecto (língua), deve ser apreciada conforme a sua adequação ao objecto. Ora, a confrontação teoria/método empírico só é possível se algumas exigências forem satisfeitas (ver pág. 37). Está-se, por exemplo, no pleno direito de exigir de uma hipótese científica que ela seja suficientemente explícita para que nela se possa apreciar a conformidade com os dados da experiência.

Esta confrontação, para falar de um modo estrito, não poderia levar à justificação da hipótese de maneira absoluta. Tomemos um exemplo clássico: a experiência de uma pessoa que tenha vivido sempre em França levaria a acreditar que o Sol se levanta e se põe uma vez em vinte e quatro horas. Uma estadia noutros países — digamos Inglaterra, Grécia, Japão, Panamá — reforçaria esta crença. No entanto, não se pode dizer que a experiência verificou a hipótese. Em todo o rigor, a confrontação entre hipótese e dados da experiência não permite concluir que a hipótese é verdadeira. Uma nova experiência — por exemplo, uma estadia nas regiões árcticas — poderia contribuir para esta questão com um desmentido [6].

Dir-se-á, pois, que as hipóteses científicas pode ser refutadas e não verificadas. A experiência da refutação das hipóteses científicas é um convite ao rigor: pelo facto de nenhum dado experimental ter anulado, até aqui, a minha hipótese, não posso aspirar à sua justeza. Para apreciar os resultados de uma experiência é preciso reportá-la às condições e circunstâncias em

---
[6] Ver K. POPPER, *La Connaissance objective*.

que ela se desenrola; a verificação terá, pois, um valor relativo. É também um convite à prudência: porque é grande a tentação em tomar como inerentes ao objecto as propriedades que lhe atribuímos por hipótese e que experiências limitadas revelaram adequadas.

7. Teoria e modelo

É possível elaborar várias teorias para o mesmo objecto, neste caso a linguagem. No entanto, nem todas elas valem. Prefere-se, habitualmente, a teoria mais geral, ou seja, a que cobre um domínio mais vasto, a que explica uma gama mais vasta de fenómenos. Tomemos duas teorias que explicam, com uma precisão igual, o funcionamento sincrónico das línguas, mas das quais só uma é capaz de ter em conta factos da evolução. É, certamente, preferível adoptar esta última por causa da sua generalidade. E isto compreende-se intuitivamente, porque sincronia e diacronia são dois aspectos de um mesmo fenómeno. A separação entre funcionamento e evolução — por mais sensata que seja — é uma abstracção levada a cabo pelo linguista.

O prémio desta generalidade, a que uma teoria linguística visa, reside no facto de que ela não pode ser nem suficientemente explícita nem suficientemente detalhada para ser confrontada com os dados empíricos. Assim definida, toda a teoria provoca a construção de complementos indispensáveis, que são os modelos e que permitem a confrontação entre hipóteses e dados. Os modelos são, portanto, hipóteses relativamente autónomas — mas compatíveis com a teoria — e de valor limitado [7].

A teoria linguística pode, por exemplo, supor a existência dos fonemas em todas as línguas. Mas cabe ao(s) modelo(s) determinar as condições precisas desta experiência. Por outras palavras, ao nível da teoria, os significantes são considerados como analisáveis em fonemas. Mas sê-lo-ão todos os significantes? É no plano do modelo que se pode responder a esta questão; resposta que se revestiria de um carácter estatístico.

Tudo isto leva a que se diga que teorias e modelos são hipóteses de níveis distintos. Enquanto as hipóteses de uma teoria (axiomas ou premissas) são gerais e pouco explícitas, as de um modelo são pontuais (por-

---

[7] Ver GRANGER, Capítulo VI e § 7.V e 7.IV.

tanto explícitas) e, por consequência, directamente refutáveis. O exame da adequação de uma teoria passa, necessariamente, pelos modelos que ela permite construir.

8. Um exemplo de modelo em fonologia

Para ilustrar melhor o conceito de modelo, a fonologia pode ser usada como domínio de aplicação. Vimos no Capítulo I que a articulação em fonemas é uma consequência que provém da definição de uma língua (ver pág. 33). Se se adere a esta definição, o conceito de fonema surge como uma necessidade e não constitui uma hipótese suplementar. Do mesmo modo, este conceito não se presta a uma verificação; para aí chegar, é necessário precisá-lo. Ser-se-á levado, a cada momento, a introduzir uma nova hipótese, a construir um modelo. Assim, pode supor-se que o objecto «fonema» tem uma realidade psíquica e que esta realidade psíquica é acessível por introspecção. Será, portanto, estabelecido que, para se descreverem os fonemas de uma língua, se deve fazer referência à consciência linguística dos falantes. Este modelo é compatível com o princípio da segunda articulação; mas não é o único possível no quadro teórico. À partida, a confirmação deste modelo pelos factos empíricos é um argumento em favor da teoria; pelo contrário, se este modelo atinge resultados negativos, não se podem rejeitar — por isto mesmo — os princípios teóricos. Porque, nesta hipótese, só teremos provado uma coisa: a impossibilidade de acesso aos fonemas por recurso à intuição. Neste quadro teórico, seriam possíveis outros modelos, os quais mereceriam ser examinados. Poderia formular-se a hipótese de que o fonema é uma realidade de comportamento que deve ser observada no comportamento das pessoas e não na consciência que elas têm dele. (É, basicamente, o conceito dos behavioristas.) O princípio da articulação em fonemas permanece válido, quer se verifique um ou outro. Pouco importa que o ponto de vista behaviorista prevaleça sobre a tese contrária ou *vice-versa*[8].

---

[8] Para a realidade psíquica ou do comportamento do fonema, consultar o Capítulo VI, sobretudo os §§ 6.3, 6.4 e 6.8.

9. Sobre alguns problemas epistemológicos em linguística

A discussão epistemológica em linguística desenrolou-se, por vezes, de tal maneira que as consequências eram pouco claras para a prática do linguista. Acreditou-se, por exemplo, que se devia exigir de uma teoria linguística que ela fosse simples. Se por simplicidade se entender a capacidade de uma teoria explicar um grande número de fenómenos por meio de um número limitado de hipóteses, ela confunde-se, então, com a generalidade da teoria (ver pág. 65). Mas o conceito de simplicidade nem sempre foi assim entendido; uns baseavam a sua escolha teórica na simplicidade e preferiam a opinião que atribuiria ao objecto a estrutura mais simples, ou seja, a menos complexa [9]. Porém, a simplicidade, em si mesma, não é uma virtude. Durante muito tempo, acreditou-se poder explicar todos os fenómenos da natureza por recurso aos quatro elementos (água, vento, terra, fogo). A inadequação de uma tal concepção — apesar da sua extrema simplicidade — é evidente. Se o objecto é complexo, uma teoria adequada reflecte toda esta complexidade na imagem que dela fornece, ou seja, na estrutura que lhe atribui.

O princípio da adequação da teoria aos dados empíricos nem sempre foi muito claro. Hjelmslev, por exemplo, exige que uma teoria seja adequada [10]; mas submete esta adequação a uma escala puramente intuitiva: a teoria é adequada, porque, para a elaborar, os factos foram consultados empiricamente. Desta forma, a adequação é avaliada conforme a ideia, a concepção pré-teórica que o linguista tem dos factos de língua. Ora, todo o esforço que se dedique a pôr em funcionamento uma teoria visa torná-la independente da intuição daqueles que a elaboram. Se a adequação permanece dependente da intuição, perde-se por aí tudo o que se ganha com a construção da teoria.

É feita muitas vezes uma confusão, que consiste em colocar no mesmo plano teoria e modelo. Por exemplo, exige-se de uma teoria que ela seja explícita. Mas esta exigência só se pode referir às hipóteses dos modelos e não às da teoria. É deste modo que são

---

[9] Ver HJELMSLEV, *Prolégomènes*, Capítulo III. HARRIS, *Structural linguistics*, §§ 13.41, 13.3 e *passim*, e CHOMSKY, *Aspects*, p. 59 e 62.
[10] *Prolégomènes*, Capítulo V.

mesmo aquelas que formulam esta exigência que propõem e continuam a apoiar hipóteses não refutáveis (por não serem explícitas). Ainda aí, é a intuição do investigador que é estabelecida como critério para apreciar uma teoria; o que é diametralmente oposto aos objectivos que a construção teórica fixa a si própria [11].

10. Aquisições e perspectivas

O valor das aquisições da linguística é, incontestavelmente, reconhecido; os seus progressos, dirigidos para estudos cada vez mais rigorosos, não são de descurar. A descrições linguísticas atingiram, em muitos domínios — e tal como veremos nos capítulos seguintes —, um tal grau de rigor que a aplicação dos princípios conduz a resultados que correspondem de muito perto às realidades psíquica e social das línguas. No entanto, outros desenvolvimentos estão ainda por realizar, outros esforços por fornecer.

Tem-se todo o interesse em conduzir o estudo da linguagem no quadro de uma teoria, no sentido estrito do termo. Um tal quadro apresenta algumas vantagens, tais como:

1.º — ao explicitar os nossos pressupostos relativos ao objecto, a teoria permite escapar aos pressupostos de evidência, os quais correm o risco de ocultar a verdadeira natureza das coisas;

2.º — este quadro permite delimitar o objecto de estudo, executando um tri entre a série de fenómenos que se nos apresentam. Não porque a teoria se afaste do domínio dos estudos científicos; este tri mais não é — em última análise — do que uma tentativa cartesiana que visa seriar os problemas. É ao estreitar o campo de investigação que a obra científica pode atingir rigor e precisão;

---

[11] Ver CHOMSKY, *Aspects*, p. 14-15, onde ele apresenta a explicação como uma condição da validade da teoria. Ora aí, onde alguns factos vão ao encontro das hipóteses enunciadas, o autor afasta-os por os julgar não pertinentes (p. 146, nota 8; p. 227, nota 21). Para além das relações entre teoria e modelo, entra em jogo o carácter relativo do sucesso das nossas experiências: as hipóteses contidas num modelo podem valer para uma parte mais ou menos importante dos factos observáveis. Ver mais adiante no Capítulo 6, pág. 139.

3.º — este quadro torna possível a construção de modelos, onde hipóteses e dados são confrontados. É pelo aspecto destes modelos que a adequação de uma teoria ao seu objecto pode ser definitivamente apreciada.

A construção dos modelos e o desenvolvimento da dimensão experimental estão por entre as tarefas mais presentes, no estado actual das pesquisas, e contribuirão, sem dúvida, para a verificação de hipóteses locais. Mas é bastante provável que o seu alcance seja bem mais vasto e que ambos tenham implicações consideráveis na axiomatização em linguística e, talvez, no estatuto das ciências humanas.

3. LÍNGUAS E SISTEMAS SEMIOLÓGICOS [1]

1. Estrutura e função

Vimos que a delimitação do domínio da linguística implica uma escolha por entre as características da linguagem. Esta escolha — em que se baseia toda a construção teórica — não pode ser justificada *a priori*. O investigador é levado a invocar as razões intuitivas que permitem pensar que uma tal escolha é adequada. Uma apreciação mais concludente é, em compensação, possível se compararmos várias teorias linguísticas entre si, relativamente às aplicações que elas permitem e aos campos, mais ou menos vastos, que cobrem.

Apresentaremos, em primeiro lugar, os traços característicos que, numa óptica funcional, servem para definir as línguas e, de seguida, passaremos à comparação entre a teoria funcional e outras teorias linguísticas. Na medida em que uma língua pode ser considerada como um instrumento, examinar-se-ão as exigências que toda a língua deve satisfazer, a estrutura que deve ter para assumir a sua função [2].

A concepção funcional da estrutura linguística não é, certamente, a única possível. Pode conceber-se uma língua dotada de uma estrutura distribucional dos elementos fónicos, ou provida de uma estrutura estatística, ou ainda como uma das manifestações da acti-

---

[1] Para todo este capítulo, poderá consultar-se MARTINET, *Éléments*, Capítulos I e II, e MOUNIN, *Introduction à la sémiologie*.
[2] A concepção funcional da linguagem é antiga. Na linguística moderna, as implicações de uma tal concepção foram examinadas por, entre outros, SAUSSURE, no seu *Cours*, TROUBETZKOY, nos seus *Principes*, JAKOBSON, nos seus *Essais* e MARTINET, nos seus *Éléments*.

vidade mental do homem (ver pág. 62). Estas concepções foram entre outras, efectivamente, propostas para servir de base a teorias da linguagem. Conduziram, todas, à revelação de algumas propriedades das línguas. Mas a vantagem de uma concepção funcional reside — tal como veremos mais adiante — em: por um lado, reduzirmos as nossas hipóteses, submetendo várias propriedades das línguas a um princípio geral, a saber, a função (ou as funções) da linguagem, tornando-se, então, a estrutura da linguagem uma necessidade funcional e não um postulado gratuito; por outro, se as partes de um sistema linguístico intervêm, diferentemente, no processo de comunicação, ser-nos-á possível hierarquizá-las, tendo em atenção as funções de que elas se arrogam.

2. As funções da linguagem

Por função entende-se aquilo para que um objecto serve, na circunstância, a linguagem. A observação da linguagem mostra que os falantes se servem dela para fins vários. As línguas são, frequentemente, utilizadas para transmitir, voluntária e explicitamente, uma mensagem, para comunicar; mas também são usadas para outros fins. Assim, posso falar numa assembleia para usar do privilégio de ter a palavra, facto que me dá o meu estatuto social, revelado — entre outros — pelo nível da língua que utilizo, o qual me autoriza a praticar tal idioma, etc. É-me possível falar unicamente para exteriorizar o meu enervamento ou o meu bom humor, sem que isso se destine a um interlocutor determinado. A linguagem serve ainda de suporte à reflexão. Citemos, também, o uso da linguagem com fins mágicos, lúdicos, estéticos, etc.

Todas estas utilizações merecem um estudo em pormenor; mas não têm todas a mesma importância. É evidente que as clivagens sociais se podem reflectir na escolha de um dos idiomas falados, juntamente, na comunidade. Por exemplo, o uso do persa por um camponês mazandarani era considerado, até aos anos 50-60, como um acto indecente, grotesco ou pelo menos pretencioso. Interessa que seja examinado qual o efeito que se pode procurar pela utilização da língua nacional naquele sítio, onde a utilização do dialecto é aquilo de que se está à espera. De uma maneira geral, estas relações entre língua nacional (persa) e dialecto (mazandarani) são interessantes de estudar. Mas tudo isso não nos esclarece sobre a função e a estrutura

do persa, do mazandarani, nem da linguagem humana em geral. A atribuição do valor social do falante só é possível se os idiomas e as variedades linguísticas puderem assegurar a comunicação. Só se pode demarcar da sua classe de origem, recusando-se a utilizar o seu idioma, se este for de um uso corrente nessa classe social.
Como foi visto anteriormente — ver pág. 34 —, o objecto de uma ciência não está naturalmente delimitado. Aliás, uma vez que o real é de uma riqueza infinita nas utilizações da linguagem, voluntárias ou involuntárias, o investigador fica reduzido ao facto de ter de proceder a uma escolha. Considerar a comunicação como a função central da linguagem é uma escolha, uma hipótese, que não implica a recusa das outras funções. Por fim, a adequação de uma hipótese é apreciada pela sua confrontação com os dados. Se a comunicação estiver claramente definida, assim como os seus traços diferenciadores em relação às outras funções, se o aparelho teórico estiver bem construído, poderá examinar-se em que medida esta hipótese é sensata; ou seja, se for verdadeiro que a comunicação é, na maior parte dos casos, o fim último dos actos da fala, se a estrutura linguística estiver melhor adaptada à comunicação relativamente a outros usos da linguagem, etc. Em qualquer dos casos, a hipótese da primazia da função de comunicação da da linguagem não nos leva a ignorar nenhuma das utilizações desta, como, por exemplo, o papel que ela pode desempenhar nas relações de força [3].

3. A comunicação: função central da linguagem

A disparidade de utilizações da linguagem coloca o problema da hierarquia das funções. Acreditámos dever atribuir uma importância fundamental à função de comunicação. Esta é uma escolha teórica, no sentido em que nenhum facto indutivo pode demonstrar a primazia de uma função sobre as outras. Mas a realidade de uma tal hierarquia pode ser verificada teórica e empiricamente. De um ponto de vista teó-

---

[3] Para relação de força ver BOURDIEU «L'Économie». Pensamos que o poder se pode exercer sobre o sistema da língua, mas somente nas zonas marginais, onde a estrutura se encontra muito lassa. (Ver mais adiante, pág. 99). Em compensação, a censura parece inoperante para os factos sem os quais a comunicação estaria fortemente comprometida.

rico, é interessante estudar quais são os problemas da linguagem que emanam de uma função, quais os que são criados por ela e não por uma outra; ter-se-á, então, o direito de dizer que uma tem um valor mais limitado, menos importante do que outra. Consideremos as funções de comunicação e de expressão definidas, respectivamente, como transmissão da experiência (comunicação) e exteriorização pura e simples de uma experiência. Da função comunicativa emana uma constância necessária da estrutura de uma língua através de uma comunidade: se por meio de uma emissão sonora Untel pode comunicar ao vizinho o tempo que fez durante as férias, é porque aos mesmos significantes correspondem os mesmos significados para ambos. Ora, a função de expressão não implica, de forma alguma, uma tal semelhança das utilizações por entre os membros de uma colectividade linguística. A função de comunicação revela-se, por conseguinte, capaz de explicar algumas características da linguagem que a função de expressão não pode criar e adianta-se a ela.

Pode, empiricamente, referir-se a frequência das diversas utilizações (comunicativa, expressiva, estética, etc.) da linguagem, nas diferentes comunidades linguísticas. Pode esperar-se que a utilização mais frequente imprima a sua marca, imponha as suas exigências à linguagem, se for verdade que as línguas podem ser concebidas como instrumentos. Um outro meio de verificação empírica da hierarquia das funções poderia ser o recurso à intuição dos falantes. Os inquéritos recentes mostram, claramente, que o sujeito falante nos pode fornecer — para além de um conjunto de materiais brutos, tais como palavras, sintagmas, frases, etc., da língua a estudar — informações preciosas sobre o valor relativo dos elementos, a coloração social, etc.[4]. Será que não poderia, de igual modo, fornecer-nos, a partir das diversas utilizações dos factos linguísticos, uma hierarquia baseada na sua própria apreciação?

4. Estrutura linguística e economia

Para comunicar a mesma experiência, podem ser utilizados diferentes meios. Um tipo elementar de sistema semiológico seria o que associasse a toda a men-

---

[4] Ver LABOV, *Sociolinguistique*.

sagem um sinal. Num tal sistema, a toda a experiência, que se destina a ser comunicada, corresponde uma expressão única e indivisa. É o caso das interjeições como *aïe!* [5], onde não se encontram expressões distintas que correspondam aos elementos que compõem um enunciado tal como *je me suis fait très mal* [6]. Porém, as interjeições e outros signos não articulados só constituem uma parte ínfima dos materiais linguísticos e encontram-se à margem dos sistemas. Não é difícil imaginar as dificuldades que suscitaria uma língua unicamente constituída por signos globais (ou não articulados), a qual só comportaria palavras-frases todas diferentes: sendo infinito o número das experiências a serem comunicadas, seria necessária uma memória fantástica por parte dos utentes. Além disso, a comunicação por signos globais choca-se com os limites das possibilidades de emissão (e de percepção) sonora. É fácil distinguir algumas dezenas de unidades fónicas (fonemas) que uma língua possui. Mas, se estas unidades atingissem um número elevado (milhares ou milhões), pode imaginar-se quão subtis se tornariam as diferenças que as distinguem: tão subtis que os órgãos (de fonação e de percepção) do homem já não seriam capazes de as distinguir.

As articulações linguísticas (que fazem com que os enunciados de qualquer língua sejam constituídos por elementos mais pequenos) têm a sua razão de ser na economia que daí resulta: por um lado, economia memorial, por outro, economia articulatória ao nível da realização dos enunciados. A primeira torna possível a construção de um número considerável de significantes através da utilização de algumas dezenas de fonemas; e um número ilimitado de frases a partir de um grande número de signos (= significante + significado). A economia ao nível da realização dos enunciados reside em que a produção e a percepção dos elementos fónicos sejam possíveis com o menor dos trabalhos; isso pode ser conseguido se as unidades que devemos produzir forem suficientemente afastadas umas das outras, para que as realizações permaneçam distintas, sem apelar demasiado ao esforço por parte dos utentes. Verificou-se, por exemplo, que as vogais das línguas que só possuem três são geralmente as mais diferenciadas, como /i/, /a/*a*, /u/*ou* e não como /i/, /é/, /è/.

---

[5] ai! *(N. da T.)*
[6] magoei-me muito. *(N. da T.)*

5. Comunicação e economia

A economia de que temos vindo a falar não é uma especificidade das línguas, mas sim uma característica geral de todo o sistema semiológico.

Em primeiro lugar, convém precisar que o conceito de economia se aplica aos meios utilizados para atingir um fim. Só poderão, portanto, comparar-se dois enunciados ou dois sistemas sob o ponto de vista da sua economia se eles permitirem satisfazer as mesmas necessidades comunicativas. Assim, dois enunciados como *arrêtez*[7] e *arrêtez le moteur dès que vous entendez le signal*[8] não transmitem a mesma informação; nada se pode concluir pela comparação do comprimento de cada um deles. De igual modo, no plano dos sistemas, só poderá medir-se a economia de uns em relação aos outros se os seus domínios de utilização se tornarem a cobrir; não tem, manifestamente, interesse nenhum comparar a economia dos sinais de trânsito com a dos números inteiros, uma vez que estão estabelecidos fins diferentes para estes sistemas.

A questão está em saber qual é o meio mais económico para atingir um fim determinado. Se o fim pretendido é o de assegurar a comunicação em todo o domínio da experiência humana, o meio económico será, tal como vimos, uma estrutura articulada de modo igual ao das línguas.

Mas isso não quer dizer que a articulação implique economia para todo o sistema semiológico. Existem até sistemas cuja economia apela para uma estrutura sem articulação. Se se considerar um sistema elementar como o dos semáforos, que é composto por três elementos (vermelho, amarelo e verde) e no qual toda a mensagem constitui um todo indiviso, não articulado, o vermelho significará «arrêtez»[9], o verde «passez»[10] e o amarelo «préparez-vous à arrêter»[11]. Isto significa que, para um domínio de experiência tão restrito, é mais fácil adquirir alguns sinais globais do que um sistema de articulação que permita produzir estes sinais.

A economia intervém, rapidamente, a partir do momento em que se quer complicar o sistema, trans-

---
[7] pare. *(N. da T.)*
[8] pare o motor mal oiça o sinal. *(N. da T.)*
[9] «pare». *(N. da T.)*
[10] «passe». *(N. da T.)*
[11] «prepare-se para parar». *(N. da T.)*

mitir mensagens mais complexas. Mesmo no caso dos semáforos, o vermelho e o verde combinados com a utilização de flechas interditam ou autorizam virar à direita ou à esquerda, assim como ir em frente. Este sistema — bastante desenvolvido na Suíça — recorreu, pois, à articulação. Podiam ter-se utilizado as outras cores disponíveis: violeta, amarelo, limão, turqueza. E podemos, desde já, calcular o quanto a facilidade de circulação teria cedido ao prazer do olhar.

A economia é, portanto, uma característica comum a todos os sistemas semiológicos, entre os quais se incluem as línguas, que condicionam a estrutura. Ela está, sem dúvida, presente em muitos outros fenómenos humanos.

6. Potência semiológica (Omnipotência semiótica)

As duas propriedades que salientámos — instrumento de comunicação e economia — são comuns a todos os sistemas de signos que a língua compreende. Ao procurarmos as características próprias das línguas — com exclusão dos outros sistemas semiológicos — poderemos situar a linguística no quadro geral da semiologia.

A capacidade impressionante das línguas para comunicar as experiências mais diversas foi, durante muito tempo, sublinhada por aqueles que se debruçaram sobre a linguagem; opôs-se a *riqueza* da linguagem humana à pobreza das outras linguagens (ou seja, dos sistemas semiológicos): códigos restritos, comunicação animal... Hoje fala-se mais da *universalidade* da linguagem; por esse termo entende-se que as línguas podem servir para assegurar a comunicação em todos os domínios, e — neste sentido — elas são universais. Em compensação, os outros sistemas semiológicos têm um alcance restrito. Por exemplo: sinais de trânsito permitem-nos a comunicação nos limites — codificados — da própria circulação, se esta codificação for largamente difundida no mundo (outro sentido possível de universal); os sinais matemáticos permitem a expressão de relações entre entidades formais; pelo recurso às bandeiras podem ser transmitidas informações relativas à navegação; as cartas geográficas comportam informações sobre o espaço. Todos estes sistemas estão especializados num domínio preciso. Não se pode usar um em vez do outro: as convenções cartográficas estão tão mal adaptadas às necessidades matemáticas como os sinais matemáticos aos de trânsito. Ora, as línguas humanas são as únicas que podem ser usadas em todos estes domínios e em muitos outros, onde não existe código algum. E mais ainda: a própria existência dos códigos depende da existência da linguagem, uma vez que a sua aquisição (ou reajustamento) só pode ser feita por meio das línguas. Tudo leva a crer que as línguas se distinguem dos sistemas semiológicos essencialmente pela sua universalidade (a que também se chama omnipotência semiótica [12]). No entanto, é preciso que a estes termos não seja concedido um valor absoluto. Como é que se pode determinar a totalidade das experiências do homem senão pelo que ele comunica ou exprime? Parece haver circularidade. Pela nossa parte, empregaremos estes termos — universalidade ou omnipotência numa acepção restritiva: por entre os sistemas de signos de que o homem dispõe, as línguas têm o maior poder semiológico.

Uma língua será, portanto, concebida como um instrumento de comunicação de carácter económico e de alcance universal. Veremos, seguidamente, que as outras propriedades que caracterizam a estrutura e o funcionamento das línguas emanam destas três propriedades fundamentais.

---

[12] O termo universalidade reenvia a dois conceitos distintos: a capacidade de uma língua para transmitir toda a experiência possível e, também, para o facto de que algumas propriedades são comuns a todas as línguas. Nós também preferimos empregar o termo omnipotência semiótica (ver PRIETO, *Pertinence et Pratique*). Convém salientar que a omnipotência semiótica está estreitamente ligada à dupla articulação. Mas tal como mais adiante veremos — pág. 52 —, há sistemas semióticos não linguísticos dotados da dupla articulação. O que parece distinguir estes códigos — por exemplo, a numeração dos assinantes de telefone — das línguas, é que estas vêm a sua potência semiótica aumentada pelo facto de: 1.º — possuírem listas abertas por oposição às listas fechadas dos códigos. Deste modo, em francês o poder aparecer a lista dos monemas no lugar de *fleurs* em *les fleurs ont soif* conta milhares de unidades e nunca se está seguro de as ter enumerado todas; enquanto, num número de telefone como 4351622, o conjunto dos elementos que podem substituir cada um dos algarismos não ultrapassa os 10; 2.º — o comprimento dos enunciados linguísticos não é limitado — pelo menos teoricamente. Em compensação, a sequência dos algarismos que designam o número de um assinante de telefone não ultrapassa, regra geral, os 12. À questão «até quantas palavras é que uma frase em francês pode comportar?» não se pode dar uma resposta que se baseie num princípio, mesmo que seja possível saber de quantas palavras se compõe, em média, uma frase de Proust ou uma frase da conversação num pátio de escola. No que respeita a saber se a omnipotência é a causa ou o efeito destas propriedades estruturais, não cremos poder resolver a questão.

7. Expressão e conteúdo

Por comunicação entende-se a transmissão intencional da informação. Esta concepção alega três propriedades. Primeiro, a comunicação implica que a informação seja transmitida; o facto de, através de uma determinada atitude, alguém pretender manifestar a sua reacção face a um determinado acontecimento só constitui um acto de comunicação se esta atitude for apercebida como tal pelo destinatário. Seguidamente, nem toda a transmissão de informação releva da comunicação; pela maneira de vestir e pelo aspecto físico das pessoas que encontramos, podemos adquirir algumas informações sobre elas. Mas estes índices perceptíveis e portadores de informação não correspondem necessariamente a uma intenção de comunicação, tal como o gelo não existe para nos informar da baixa da temperatura. É, no entanto, possível transformar estes índices em significantes: num espectáculo, pode constituir a marca da pertença de uma personagem a uma fracção da sociedade — a um grupo «punk», por exemplo —, onde o aspecto físico pode ser utilizado para mostrar que a personagem está possuída pelo medo, pelo frio, etc. Estas duas propriedades permitem distinguir entre factos semiológicos e outros factos do comportamento humano.

Por fim, a informação a ser transmitida corresponde a uma experiência do emissor; experiência que não é, necessariamente, partilhada pelo interlocutor e cujo resultado pode não ser perceptível, por este último, no momento do acto da fala.

Por conseguinte, em todo o acto de comunicação, associado a um significante (ou expressão) manifesto está um significado (ou conteúdo), que nem sempre o é necessariamente.

A existência, em qualquer língua, de um significado e de um significante (que, a nosso ver, é uma consequência da função de comunicação) é, geralmente, reconhecida. O que já o é menos é a natureza própria do significante e do significado. No que respeita ao significado, pode e deve — conforme nos parece — ser concebido como uma experiência modelada pela estrutura linguística (ou semiológica).

Disto tudo resulta que o conteúdo linguístico está indissoluvelmente ligado ao mundo e à experiência que o homem dele tem; o que explica a diversidade deste conteúdo através do espaço e a sua evolução através do tempo.

Quanto ao significante, o problema é mais complexo: o nível fónico constitui a substância primária, privilegiada mas não única. A expressão fónica é, contudo, a mais difundida; ela também é a que determina, de maneira preponderante, a evolução dos sistemas fonológicos, morfológicos, etc.[13].

8. As articulações linguísticas

Ao falar de economia procurámos mostrar que as articulações linguísticas contribuem para tornar mais fácil o manuseamento das línguas (e dos sistemas de signos, de uma maneira geral). Mas a economia da articulação é tal que, sem ela, as línguas subtrair-se-iam a uma ou a outra das suas propriedades fundamentais.

O número de frases que uma língua pode atingir é estimado em 10^{30}, mesmo 10^{86}, e isto só considerando as que não ultrapassam as 20 palavras[14]. Ora, um século só contém 3×10^9 segundos; supondo que todo o ser humano vive 100 anos e que aprende uma frase por segundo, ele só chegará a apropriar-se de uma parte ínfima das frases possíveis. Desta consta-

---

[13] A nossa posição é diferente da de HJELMSLEV (ver *Prolégomènes*, § 15), o qual pretendia que a estrutura linguística fosse independente de toda a propriedade substancial. Parece-nos evidente que a substância sonora (=audio-oral) é de longe a que prevalece ao nível do significante. Mas, ao não introduzirmos a substância fónica na nossa definição de uma língua, estamos a servir-nos, essencialmente, de uma fonte metodológica: se o nível fónico for dado como um traço definidor da linguagem, de repente o exame das outras substâncias da expressão — a que pertence a grafia — está excluído do domínio da linguística. Ou se nos interessarmos por estas outras substâncias é porque ignoramos a definição que se dá de uma língua; precisamente o que quisemos evitar. Com efeito, a delimitação do objecto perde parte do seu interesse para a linguística se esta não tiver em conta as características por que o seu objecto é definido; o que acontece, quando se define a linguagem pelo carácter fónico e se reconhece que os fenómenos da expressão gráfica (língua escrita) relevam do domínio da linguística. Contudo, não é preciso exagerar tanto; devido à sua grande generalidade, a definição de uma língua sofre sempre excepções: assim, a substância gráfica da expressão poderia ser considerada como uma excepção à regra, que é a substância fónica (língua falada). O que pensamos ganhar com a nossa definição é não fechar o debate oral/escrita e deixar que as pesquisas experimentais determinem em que medida uma substância que não seja fónica pode determinar a estrutura ou a evolução das línguas. Ver mais adiante, pág. 54.

[14] Ver CHOMSKY & MILLER, «Introduction to the Formal Analysis»; ver também Maurice GROSS, *Méthodes*, pág. 18, para uma discussão sobre este cálculo.

tação pode deduzir-se uma das conclusões seguintes: 1.º — a aquisição de uma língua é impossível, conclusão manifestamente absurda para que nela nos detenhamos; 2.º — a aquisição de uma língua não se faz por memorizações sucessivas das frases. Esta última conclusão — que parece impor-se — resume-se a dizer que a aquisição e a manutenção das línguas recorrem a processos económicos: as articulações, sem as quais a condição de omnipotência semiótica não pode ser satisfeita.

A articulação chama a atenção para o facto de que os enunciados através dos quais se trocam informações não são totalidades indivisas, mas sim constituídas por elementos mais pequenos ou, melhor dizendo, são articulados nas suas unidades constitutivas. Quando se concebe um enunciado — seja ele de uma língua ou de qualquer sistema semiológico — como uma comcombinação de significante e de significado, pode prever-se três tipos de articulação, segundo os quais o produto da segmentação é: 1.º — signo (=significante + significado); 2.º — unidades distintivas (que relevam, somente, do plano do significante e a que, também, se dá o nome de figuras da expressão) e 3.º — figuras de conteúdo (=elementos de significado). Torna-se evidente que o número de articulações que caracterizam um sistema de signos depende da sua potência semiológica. Um sistema simples pode contentar-se com uma única articulação; mas um sistema complexo, que deve cobrir um campo de experiência alargado, tem de recorrer à dupla articulação.

9. Articulação em signos

Consideremos um enunciado como *il donne ce beau jouet à un enfant* [15]. Ele é composto por 8 unidades — palavras ou monemas — [16], tendo cada uma delas *(il, donne, ce, beau, jouet, à, un, enfant)* um significante e um significado, sendo, portanto, um signo. O monema *donne* não se confunde com o seu significante (o qual comporta cinco letras *d, o, n, n, e* em grafia ou três fonemas /d/, /ò/, /n/ em som); ele é a combinação deste significante com o significado «donner». Cada um destes monemas entra na consti-

---

[15] ele dá este lindo brinquedo a uma criança. *(N. da T.)*
[16] Os termos *monema* e *palavra* não são sinónimos, como veremos mais adiante, na pág. 100 e seguintes. A fim de evitar uma discussão inutilmente complicada, não revelamos, aqui, a diferença que os separa.

tuição de um grande número de enunciados, tais como *donne-lui son dû*[17]; *je ne donne qu'à ceux qui me donnent*[18], etc.; exemplo da economia que a articulação em signos (ou primeira articulação) confere à estrutura linguística.

Este tipo de articulação não é específica da linguagem; uma série de sistemas semiológicos recorrem a ele. Os sinais aritméticos, por exemplo, baseiam-se na primeira articulação. Um enunciado como $2+2=4$ é composto por cinco unidades significativas: cada uma é dotada de uma forma gráfica e de um conteúdo semântico. São inúmeros os domínios onde ele é usado; assim, os sinais de trânsito, a numeração dos assinantes de telefone, os boletins metereológicos, etc.

É evidente que a relação entre monema e enunciado não é simples; um monema pode entrar na composição de um sintagma, o qual, combinado com outros elementos, constitui uma proposição para formar com uma ou várias outras proposições uma frase, e assim por diante. Neste encadeamento dos elementos simples aos complexos, podem ser concebidos diferentes níveis. Será que isto justifica que se postulem tantas articulações linguísticas? Não o cremos. Se a primeira articulação se justifica, é porque os elementos que dela resultam têm duas faces (significante + significado) e se distinguem, por isso mesmo, dos elementos da segunda articulação, os quais só têm uma face significante. É esta diferença de natureza e não o grau de complexidade de elementos da mesma natureza que cria a distinção entre articulações.

O estudo da primeira articulação releva da sintaxe (no sentido lato do termo) e da morfologia.

10. Figuras da expressão

Se retomarmos o exemplo *il donne ce beau jouet à un enfant* e nele examinarmos o significado fónico, descobrimos 17 unidades — fonemas ou figuras da expressão —, as quais são indivisas em si; as componentes sucessivas ou simultâneas de um fonema não são consideradas como unidades linguísticas. Tal como para os monemas, o recurso aos fonemas permite à estrutura linguística ser económica.

Este tipo de articulação, onde cada elemento tem um valor distinto, permite distinguir objectos, mas

---
[17] dá-lhe o que lhe é devido. *(N. da T.)*
[18] eu só dou aos que me dão também. *(N. da T.)*

não tem um significado que lhe seja próprio. A numeração das linhas do metropolitano em Paris é um exemplo do que foi dito. Um outro exemplo é fornecido por um sistema de numeração dos livros numa biblioteca; sistema onde um número — 124, por exemplo — designa um livro, sem que nenhum dos algarismos que o compõem — 4, por exemplo — tenha nada de comum com o 4 de 674 nem com o 4 de 498, etc. (Já assim não é com o código decimal universal, elaborado pela Unesco, para o qual contribuem as duas articulações.)

Podendo manifestar-se o significante linguístico em várias substâncias (essencialmente fónica e gráfica, mas também luminosa ou outra), gera-se um debate antigo em linguística, que é o de determinar a relação entre estas substâncias: saber qual é a substância primária. A substância gráfica foi, durante muito tempo, privilegiada, fazendo a sua relativa fixidez uma representação permanente e homogénea da língua. Actualmente, por razões quer sincrónicas quer diacrónicas, a fonia é considerada como a substância «directa» do significante linguístico; substância essa que, em grande medida, influencia a estrutura e a evolução das línguas.

Na medida em que a fonia constitui a substância primária da expressão linguística, o estudo do significante depende, essencialmente, da fonologia. Isto não quer dizer que o estudo de outras substâncias do significante (tal como a grafia) deva ser descurado pelo linguista. Só que a implicação está em que a escrita, o morse, etc., devem ser considerados como outros tantos códigos substitutivos, os quais reproduzem, numa outra substância, as unidades resultantes da articulação do significado fónico.

É evidente que a substância fónica está mais intimamente ligada ao significado linguístico, o que determina, em grande medida, a estrutura e a evolução. Mas não é raro os mecanismos alfabéticos influenciarem a estrutura fónica. As siglas (que constituem uma fonte considerável de criação lexical) são produzidas a partir das letras e não por fonemas: a sigla que designa Communauté Économique Européene [19] — que é C. E. E. e se pronuncia /seaa/ — seria /keoe/se fosse constituída pelos fonemas iniciais de /kòmynòté ékònòmik oeròpeen/. De igual modo, se a consoante

---

[19] Comunidade Económica Europeia. *(N. da T.)*

final das palavras como *finir*[20] — que desaparece num momento da pronunciação — foi restituída, é graças à escrita, que sempre a manteve. Estes exemplos — e ainda muitos outros, que podiam ser citados — não provam a equivalência das substâncias fónica e gráfica; mas conduzem à prova de que, nas línguas, o papel da substância gráfica não é de descurar.

11. Figuras do conteúdo

Os problemas relativos ao significado são mais complexos. Primeiro, a própria possibilidade de uma análise do conteúdo foi objecto de uma discussão entre linguistas, durante dezenas de anos. Hoje, parece ser um dado adquirido que o estudo das línguas, sem ser feita uma descrição do significado, é incompleto e provisório. Depois, tanto os estudos teóricos como os trabalhos empíricos provaram que é possível uma análise do significado. No entanto, nem todos os problemas estão resolvidos. A descrição do conteúdo é, consideravelmente, mais complexa do que a dos outros aspectos linguísticos: ela apela para variantes muito numerosas, conduz a resultados que apresentam menos rigor na estrutura; e, por último, os elementos que se obtêm no fim da análise são de natureza tal que uma confrontação com o comportamento e a intuição do sujeito falante não é geralmente possível. Assim sendo, será que ainda se pode falar das figuras do conteúdo assim como das figuras da expressão? Por outras palavras, existirá uma articulação do significado, cujo produto — quer se lhe chame semema ou outra coisa qualquer — seria a contraparte do fonema, no plano da expressão.

Voltaremos a este assunto; só que, por agora, convém salientar que as dificuldades de estudo do conteúdo não nos devem desviar dele. Se aquilo que esperamos não se realiza, é, talvez, porque a ideia que fazemos da estrutura e a nossa concepção das unidades ou elementos linguísticos não estão inteiramente adaptadas ao conjunto dos fenómenos linguísticos e estão, consequentemente, sujeitas a revisão.

12. Arbitrariedade linguística

Se, por um lado, as línguas se fazem valer sob o ponto de vista da sua potência semiótica, por outro,

---

[20] acabar. *(N. da T.)*

distinguem-se sob o ponto de vista dos meios accionados. Para comunicar a mesma experiência, o francês emprega *il traversa la rivière à la nage* [21], enquanto o inglês usa um outro esquema sintáctico: *he swam across the river* (literalmente «il nagea à travers la rivière» [22]).

Outro exemplo: o *l* surdo [1] de *oncle* [23] e o *l* sonoro [1] de *ongle* [24] são o mesmo fonema em francês, enquanto noutras línguas, como no galês, funcionam como duas unidades. Podem multiplicar-se os exemplos, só que todos eles se encaminham para mostrar que todas as línguas executam um corte diferente na realidade e estabelecem as suas unidades de maneira *sui generis*. Este corte não obedece aos imperativos da natureza da experiência (=substância do conteúdo) nem aos da substância da expressão (fónica). É arbitrário.

O princípio da arbitrariedade linguística (ou de organização *sui generis* das línguas) originou muitos debates e, sobretudo, mal-entendidos [25]. Primeiro, a arbitrariedade não significa que a estrutura de uma língua esteja à mercê dos sujeitos falantes: quer simplesmente dizer que tal facto de substância (fónica ou semântica) não constitui, necessariamente, uma unidade em todas as línguas. O *r* apical [r] e o *r* uvular [ʀ] não têm o mesmo estatuto em todas as línguas; constituem dois fonemas em árabe e um único em francês. Disto é exemplo ainda o espectro das cores, que é diferentemente cortado em francês e em kymrico:

francês	kymrico
verde	gwyrdd
azul	glas
cinzento	
castanho	llwyd

---

[21] ele atravessou o rio a nado. *(N. da T.)*
[22] ele nadou através do rio. *(N. da T.)*
[23] tio. *(N. da T.)*
[24] unha. *(N. da T.)*
[25] Na linguística do século XX, a discussão sobre a arbitrariedade do signo remonta ao *Cours* de SAUSSURE. Levantá-la-emos na pág. 115, quando falarmos dos universais da linguagem.

Poderia precisar-se o sentido da arbitrariedade linguística dizendo que o corte do significante, o do significado e as relações entre as unidades que provêm dos dois cortes não são necessariamente determinadas pela substância (fónica ou semântica). Além disso, sendo o homem tributário das restrições da sua constituição biológica e da sua organização social, a arbitrariedade linguística não pode ser absoluta; só se pode dar o estatuto de fonema a um facto fónico se ele puder ser produzido e percebido pelos nossos órgãos nas circunstâncias normais de troca linguística. De igual modo, um facto de experiência só pode tornar-se significado de um signo linguístico se o nosso envolvimento natural e cultural a isso nos autorizar, até mesmo conduzir. O que explica o facto de os esquimós disporem de dezenas de monemas para designarem as variedades de neve ou de os beduínos distinguirem dezenas de variedades de camelos e de tâmaras e de algumas línguas africanas não terem nome genérico equivalente a *flor*.

Digamos, para finalizar, que a arbitrariedade linguística emana das suas propriedades fundamentais da linguagem já apresentadas: função de comunicação e carácter económico. Na medida em que os membros de uma comunidade linguística partilham algumas experiências, é mais económico não explicitar os aspectos comuns por elementos linguísticos. O sentido de uma frase como *le huitième coup vient de sonner* [26] pode parecer evidente; mas já não o será para os membros de uma comunidade que não conheça aparelho algum para contar o tempo.

A arbitrariedade não caracteriza todos os sistemas semiológicos. Há-os que são inteiramente constituídos por signos arbitrários; neste caso incluem-se os semáforos. Mas há outros, em que pode existir uma ligação natural entre o significante e o significado; tal é o caso de algumas tabuletas: a cabeça de cavalo e o matadouro cavalar, por exemplo.

13. Línguas e códigos

O que foi anteriormente dito, sem fornecer um quadro para a tipologia dos sistemas semióticos [27],

---

[26] acaba de soar a oitava badalada. *(N. da T.)*
[27] Para um exame dos sistemas semiológicos, poderá consultar-se PRIETO, *Messages et Signaux*. MOUNIN, *Introduction à la sémiologie*, Jeanne MARTINET, *Clefs pour la sémiologie*, e MULDER & HARVEY, *Theory of Linguistic Sign*.

permite, no entanto, distingui-los das línguas. Insistamos, porém, numa diferença que os opõe. Compara-se, frequentemente, uma língua a um código, permitindo ambos a produção das mensagens a partir de um conjunto de unidades e de um conjunto de regras. A comparação, se bem que interessante, só vale, como qualquer metáfora, até certo ponto. Se se quer concluir desta comparação que os enunciados linguísticos são articulados, que são reuniões de unidades, que estas estão submetidas a restrições (obedecem, portanto, a regras), só se pode aderir a isso. Mas se a intenção é afirmar que uma língua está dotada de uma estrutura formal (ou seja, é constituída por um número finito de unidades e por um conjunto bem determinado de regras explícitas), então os factos observáveis desmentem esta assimilação, esta redução. Basta comparar alguns manuais de gramática ou alguns dicionários ou, ainda, fazer referência à apreciação intuitiva de sujeitos falantes; vê-se que, em questões muito precisas, eles não fornecem as mesmas respostas. Ora, num código — tal como o código da estrada ou o dos sinais aritméticos — as unidades e as regras da sua reunião estão estritamente definidas. Uma coisa é dizer que uma língua tem uma estrutura; outra é afirmar que esta estrutura é formal, o que necessitaria de argumentos e de provas.

14. Definição de uma língua

Definimos uma língua como um **instrumento de comunicação de carácter económico e de alcance universal**. Vimos, igualmente, que algumas das características atribuídas às línguas emanam destas propriedades fundamentais. No essencial, baseámo-nos na definição que André Martinet dá, e que é a seguinte: «Uma língua é um instrumento de comunicação segundo o qual a experiência humana se analisa, diferentemente, em cada comunidade, em unidades dotadas de um conteúdo semântico e de uma expressão fónica, os monemas; esta expressão fónica articula-se, por sua vez, em unidades distintivas e sucessivas, os fonemas, que são em número determinado em cada língua e cuja natureza e relações mútuas diferem, também elas, de língua para língua.» [28] As características contidas nesta definição podem ser deste modo enu-

---

[28] Ver A. MARTINET, Éléments, § 1.14.

meradas: 1.ª — função de comunicação, 2.ª — articulação em signos, 3.ª — articulação em unidades distintivas, 4.ª — organização *sui generis*, 5.ª — substância fónica, 6.ª — substância semântica e 7.ª — número determinado das unidades distintivas resultantes das articulações.

Chama-se a atenção para o facto de estes traços serem comuns às duas definições, exceptuando que:

a) Dupla articulação e organização *sui generis* são, na nossa concepção, consequências emanentes de duas propriedades fundamentais da linguagem (a saber, função de comunicação e omnipotência semiótica).

b) As substâncias da expressão e do conteúdo estão implicadas na função de comunicação.

c) A fonia não é considerada, na nossa definição, como a única substância da expressão, mas, por entre as substâncias possíveis, a que é privilegiada, natural por assim dizer. Ao não introduzirmos na definição a substância fónica como um traço característico das línguas, quisemos evitar introduzir uma regra que peca por uma série de excepções. Tal é o caso das línguas que já não são faladas e cuja expressão fónica já não está directamente acessível à nossa observação.

d) A diferença essencial que distingue as duas definições reside na omnipotência semiótica traço que não é mantido por Martinet. Isto parece-nos importante, porque existem inúmeros sistemas semióticos dotados de dupla articulação, mas que não poderiam ser assimilados pelas línguas, mesmo que fossem dotados de fonia, como substância da expressão. Supondo que a numeração dos assinantes de telefone é expressa pela substância fónica, poderemos arrumá-la entre as línguas? É para distinguir línguas deste tipo de sistemas semióticos que a omnipotência semiótica se impõe como um traço distintivo da linguagem humana.

e) Achámos não dever especificar, na definição do do objecto da linguística, se as unidades resultantes das articulações são em número determinado. Para que o seu número seja determinado, as unidades devem ser discretas, ou seja, relevar da lógica do «sim ou não» (ou da lei do «tudo ou nada»). Parece-nos preferível definir as unidades pela sua função e deixar às investigações experimentais o cuidado de verificar se elas são discretas e constantes através de uma comunidade linguística no seu todo ou contínuas e variáveis segundo as camadas da sociedade.

15. A formulação da definição

À excepção da omnipotência semiótica (ou universalidade), a nossa definição é uma versão formalizada (ou formulada) da de André Martinet. Através desta formulação reduzimos as nossas hipóteses sobre a linguagem humana, sem para tal descurarmos algumas das suas propriedades mais fundamentais. Simultaneamente, esta formulação permite-nos ganhar na generalidade e criar alguns conceitos indispensáveis à compreensão da estrutura e do funcionamento das línguas; ela contribui, por isso mesmo, para a construção de modelos susceptíveis de assegurarem as ligações necessárias entre hipóteses e dados.

Vimos que a vantagem principal de uma construção teórica é a de tornar a investigação independente do vivido e da intuição, sempre em renovação e em mudança, do investigador. Quanto mais as noções a que recorremos no estudo da linguagem são independentes da nossa intuição tanto mais o nosso trabalho científico tem hipóteses de ser esclarecedor e sugestivo. Além disso, preferimos o precurso a uma noção explicitamente enunciada (ou que se deduz de um princípio explícito) à utilização de princípios de explicação indutivos e *ad hoc*. É o caso do princípio de economia linguística, graças ao qual alguns problemas da evolução das línguas encontram uma solução. Este princípio é indutivo se a definição de uma língua não contar com ele como traço distintivo nem permitir inferi-lo a partir de um dos traços distintivos das línguas. Na definição que propusémos, a economia é um dos princípios que regem a estrutura e o funcionamento das línguas. A partir daí é possível, até mesmo provável, que o que condiciona a organização de uma língua determine, também, a evolução. Há uma certa vantagem em dar uma definição de uma língua que valha para o funcionamento sincrónico e para a evolução histórica.

Mas a formulação da definição de uma língua tem, além disso e sobretudo, a vantagem de permitir a formação de novos conceitos, de abrir novos horizontes. Um dos problemas interessantes, sob este ponto de vista, é o das classes (ou categorias) das unidades linguísticas. Primeiro, nada, senão o princípio da economia, justifica a existência das classes em qualquer língua. Na medida em que o manuseamento das unidades é mais fácil se elas partilharem algumas das suas propriedades, a existência das classes de unidades (definidas por características comuns) emana do princípio da economia. Depois, de duas classificações possíveis e, aliás, ambas igualmente fundamentadas, a que fornece uma economia maior tem mais hipóteses de ser conforme com os dados linguísticos. A partir daí, todos os elementos estão disponíveis para a construção dos modelos experimentais, que permitirão medir o valor respectivo de diversas classificações de um mesmo conjunto de unidades. Se as classes de unidades não forem invenção do linguista, elas têm, de uma maneira ou de outra, uma existência para o sujeito falante; técnicas de pesquisa apropriadas permitir-nos-ão aí chegar, através do exame do comportamento e da intuição dos falantes. Por um lado, quando se concebe a economia como um atributo do comportamento linguístico dos utentes da língua deduz-se que alguns elementos (ou complexos de elementos) estão dotados de uma estrutura mais económica do que outros e são, consequentemente, mais fáceis de adquirir e de manusear do que outros. Tais elementos devem corresponder a uma certeza maior na apreciação intuitiva e a um domínio mais seguro no manejo. Deste modo, pode ser assegurada uma ligação entre as nossas hipóteses sobre a linguagem e os dados externos, que são o comportamento e a intuição dos sujeitos falantes. Sem dúvida que o caminho que leva da hipótese à verificação é longo; mas é o preço que a linguística deve pagar se quiser afirmar-se como uma disciplina plenamente científica.

16. Outras concepções da linguagem

A discussão relativa à definição das línguas, portanto a delimitação do objecto da linguística, é, essencialmente, baseada numa óptica dita funcionalista. É de toda a conveniência dar uma volta por este horizonte, mesmo que rápida, para comparar esta concepção com algumas das mais correntes. Lembremo-nos dos traços essenciais do funcionalismo: no plano epistemológico, caracteriza-se pela ideia de que o estudo da linguagem nos deve permitir apercebermo-nos do que dela fazem os utentes, ou seja, das suas manifestações concretas. Ora, sendo o concreto inesgotável, materialmente impossível de estudar de forma exaustiva, é forçoso estreitar o campo de investigação; donde a necessidade de definição de uma língua. No plano teórico, o funcionalismo baseia-se no princípio de que as línguas são estruturadas, de que esta estrutura obedece aos imperativos funcionais, que são, acima de tudo, as necessidades comunicativas. Uma tal definição fornece hipóteses gerais, a partir das quais é possível construir, por dedução, modelos.

Do ponto de vista epistemológico, em primeiro lugar, a necessidade de uma definição do objecto não tem unanimidade. São muitos os que crêem que o único procedimento científico é o indutivo e que a dedução, exigindo o enunciado de hipóteses à partida, poderia — temem eles — afastar-nos da objectividade científica. Esta atitude, muito corrente na linguística americana, ou nos linguistas nela inspirados, foi, explicitamente, reivindicada por Leonard Bloomfield.

Esta atitude foi muitas vezes criticada depois. Curiosamente, Bloomfield foi, na sua prática, menos indutivista do que uma boa série dos seus virulentos detractores. O seu «Ensemble de postulats»[29] é o enunciado de hipóteses de que deriva as consequências para a estrutura de uma língua. Ou, ainda, a sua classificação das palavras[30], que é suposta pôr em evidência a diversidade das palavras em todas as línguas e baseada numa dupla distinção entre formas (livre//ligada e simples/complexa), é uma aplicação do método tipicamente dedutivo.

O exemplo — a nosso ver — mais característico de uma prática que rejeita o método dedutivo é a análise distribucional de Zeillig Harris[31]. Harris parte, explicitamente, de uma única hipótese: toda a estrutura de uma língua (fonologia, sintaxe, etc.) pode ser adequadamente descrita se se tiver em conta o significante fónico e a distribuição dos seus elementos constitutivos na cadeia falada. Com efeito, no decurso de uma descrição distribucional é invocado um número indeterminado de hipóteses implícitas relativas ao valor da substância fónica, à pertinência dos factos significados, às semelhanças e diferenças entre diversos aspectos (acústico, articulatório, etc.) dos factos fónicos, etc. Voltaremos a estes assuntos nos capítulos respectivos. De momento, limitamo-nos a sublinhar que a crítica do distribucionalismo feita pelos

---

[29] BLOOMFIELD, «Un Ensemble de postulats».
[30] BLOOMFIELD, *Le Langage*, capítulo XIII, nomeadamente o § 13.3.
[31] Ver HARRIS, *Structural Linguistics*, que é uma obra muito técnica. Para uma exposição intuitiva dos princípios do distribucionalismo, poderá consultar-se o artigo do mesmo autor que se intitula «Structure distributionelle».

generativistas é, sob este ponto de vista, insuficiente: damos a entender que a teoria distribucional permite uma descrição (quase) adequada dos factos de superfície (ou seja, *grosso modo*, a fonologia, a morfologia e a sintaxe elementar). Ora, o problema essencial é que, se ela o permite, é graças às hipóteses implícitas; e uma crítica construtiva, se deve evidenciar estas hipóteses para avaliar a sua necessidade e justificação, só o fará ao nível intuitivo.

Quando se reconhece a necessidade de um método dedutivo, as conclusões que daí se tiram para a investigação linguística não são, necessariamente, as mesmas. Louis Hjelmslev [32] e Noam Chomsky [33], que criticam a indução, preconizam ambos um método dedutivo; mas as tarefas que atribuem à linguística, os meios que utilizam para chegar a estes fins, são muito diferentes.

Para Chomsky, que herda tradições distribucionalistas, as concepções de Harris relativas à estrutura de superfície são, no seu todo, correctas. A definição de Chomsky de linguagem (ou a que, como tal, se pode considerar apesar de não ser explicitada uma definição) só diz respeito ao que ele considera necessário para caracterizar as línguas, em complemento dos princípios distribucionais. Falta aí um esforço para conduzir estes princípios às suas hipóteses subjacentes, de que conviria considerar todas as consequências; e, neste aspecto, o quadro teórico da sua gramática generativa transformacional afasta-se relativamente aos princípios epistemológicos de que se reclama. Além disso, em Chomsky, a distinção entre teoria e modelo não é feita de forma clara; muitas vezes não se sabe onde passa o limite entre as hipóteses de âmbito geral (portanto, teóricas) e as que só têm um valor local (e relevam, consequentemente, dos modelos). A confrontação hipóteses/dados encontra-se, neste caso, bastante afectada. Ao optimismo de Chomsky sobre as possibilidades de verificação em linguística, no início da sua carreira, sucedem os propósitos desiludidos após duas dezenas de anos de investigações [34].

---

[32] Ver *Prolégomènes*, § 4.
[33] A obra clássica da linguística transformacional é *Aspects*. De forma mais útil poderá consultar-se *Les Structures syntaxiques* e *Le Langage et la Pensée*, que são exposições mais conceptuais e menos técnicas.
[34] Uma das críticas que os transformacionistas faziam à linguística estrutural era a de esta não ter hipóteses explícitas. Eles preconizam para a linguística hipóteses explícitas, portanto refutáveis;

O caminho seguido por Louis Hjelmslev está mais próximo do que nós seguimos [35] e visa definir o objecto da linguística graças a um número limitado de hipóteses (chamadas premissas, na sua terminologia) de que emanam definições, teoremas e modelos (hipóteses, na sua terminologia), que podem ser confrontados com os dados da experiência. Os objectivos ambiciosos a que Hjelmslev se tinha proposto não puderam ser atingidos e, por isso, os seus fins — no plano teórico — permanecem em estado de esboço e as descrições como provisórias; não é fácil apreciar o que poderia ter sido a sua contribuição para a linguística. No entanto, no plano epistemológico, as concepções de Hjelmslev chamam a atenção para várias observações. Primeiro, a teoria considerada como arbitrária não pode ser nem confirmada nem invalidada pelos factos empíricos; quando muito, a teoria poderia não encontrar objecto para se aplicar. Uma tal concepção da teoria separa-a de toda a realidade; ser-se-á, então, levado a considerar — tal como diz Popper [36] — de igual valor as impressões de um esquizofrénico que se considera um peixe e as concepções de um homem são de espírito. Depois, a linguagem é concebida por Hjelmslev como uma forma; os fenómenos de substância estão, assim, excluídos das suas considerações. Ora, uma vez que é impossível examinar as relações formais entre dois objectos, de que não se conhece nenhuma propriedade substancial, os exemplos e as aplicações baseiam-se num tri arbitrário por entre os factos de forma e de substância. Por fim, Hjelmslev, ao ter centrado o seu esforço no aspecto formal da sua teoria, fez com que os modelos que dela emanam não sejam suficientemente desenvolvidos; não se sabe dizer se esta teoria é adequada para as línguas (e, por isso,

---

ver BACH, «Linguistique Structurelle», que é, sob este ponto de vista, um trabalho muito característico das esperanças da linguística transformacional desta época. Nos seus *Aspects*, CHOMSKY recusa o interesse da objectividade para a linguística. Nas *Questions de sémantique*, defende que a justificação das componentes de uma gramática generativa transformacional nunca é evidente de um ponto de vista teórico (ver págs. 13-16 e 138-143); o que significa que só se pode afirmar que as línguas são dotadas de uma estrutura fonológica, de uma estrutura morfológica, de uma estrutura sintáctica, etc. Ver também POSTAL, «The Best Theory», onde volta a pôr em causa todas as conclusões da gramática generativa transformacional.

[35] André MARTINET também preconiza um método dedutivo, e neste ponto alia-se a Hjelmslev; ver *La Linguistique synchronique*, pág. 15.
[36] Ver *La Connaissance objective*.

merece o seu nome de glossemática) ou se é simplesmente uma construção lógico-matemática que pode ou não ser aplicável às línguas.

No plano teórico, vimos, num relance, os pontos comuns e as divergências dos pontos de vista sobre a linguagem. A confrontação das diversas concepções de linguagem, para ser mais precisa, implica o recurso a conceitos técnicos que trataremos nos capítulos seguintes.

4. FONOLOGIA

1. Fonologia: ciência piloto

A fonologia ocupa um lugar particularmente importante por entre os ramos da linguística. Foi o primeiro a desenvolver-se e a propor métodos de análise e técnicas de investigação que permitem a realização de estudos objectivos dos factos da linguagem. As aquisições da fonologia, ao provarem a possibilidade de exame científico dos fenómenos humanos, não só influenciaram as disciplinas linguísticas mas também inspiraram os investigadores das ciências conexas, tais como, entre outras, a análise literária e a antropologia [1].

Esta posição particular da fonologia torna possível um duplo exame: por um lado, pode examinar-se a estrutura da expresão fónica das línguas tal como ela aparece no fim de um estudo fonológico e, por outro, as implicações teóricas de um tal estudo.

2. O que é a fonologia?

Por fonologia entende-se o estudo do material fónico de que os falantes se servem ao utilizarem a sua língua. Esta definição tem uma dupla implicação para o objecto da fonologia: a expressão linguística de que ela se ocupa é de natureza fónica (mais precisamente: audio-oral) e os elementos fónicos só

---

[1] Tal como o testemunham a obra de Barthes e a de Lévi-Strauss.

entram em linha de conta na medida em que desempenham um papel na utilização de uma língua.
Vimos que da definição de uma língua emanam as articulações linguísticas. **A segunda articulação** — a que divide o significante do enunciado nos seus elementos constitutivos — põe a descoberto as unidades fónicas de uma língua. O exame destas unidades — a sua identificação, as regras da sua combinação na cadeia falada — releva da fonologia. No entanto, esta definição é demasiado vasta; porque as regras de combinação visam pôr em evidência as sequências fónicas que são possíveis na língua em estudo e aquelas que o não são. Ora, as restrições da reunião das unidades fónicas não são todas da mesma natureza, não são todas da competência da fonologia. Se uma sequência como /vlk/ é impossível em francês, um estudo fonológico deve ter isso em conta. Assim, em francês, a sequência /ilmãždyrezẽ/ *il mange du raisin*[2] é possível; pelo contrário, não se conhece sequência nenhuma como /ilmãždyrepẽ/, nem como /ilmãždyretẽ/, nem como (ilmãždyrekẽ/, etc. E isto não acontece por tais sequências não poderem ser pronunciadas pelos francófonos (como é /vlk/) e, portanto, fonologicamente impossíveis em francês; elas não são, simplesmente, confirmadas em francês (ou, pelo menos, na variedade do francês que conhecemos) como significantes de monemas desta língua. A definição da fonologia deve, pois, ser melhor precisada.

3. O estudo físico do som

Os sons de uma língua podem ser estudados sob um duplo ponto de vista: físico — a maneira como eles são constituídos — e funcional — a maneira como eles são utilizados. Num estudo fonológico, as duas ópticas são solidárias: as unidades fónicas de uma língua só são definidas de forma adequada se dela se conhecerem as propriedades substanciais e o papel (funcional).
Tomemos uma sequência como *Paul est souffrant*[3]. Podemos submeter a um exame físico, fonético[4], os

---

[2] ele come uvas. *(N. da T.)*
[3] Paulo sofre. *(N. da T.)*
[4] Em todo o acto da fala que pressuponha um emissor, um receptor e ondas sonoras, podem ser de três tipos as características do som: 1.º — se nos colocarmos ao nível do emissor, que produz uma sequência fónica, os sons podem ser examinados do ponto de vista da intervenção dos órgãos fonadores na sua produção: trata-se da fonética articulatória ou fisiológica; 2.º — os sons podem, igual-

elementos fónicos que a constituem. O primeiro
[p] *p-*, é um som oclusivo: para o produzir, fecha-se
o canal respiratório; é bilabial, uma vez que esta oclusão tem lugar ao nível dos lábios; é surdo (ou não
percebido), porque aquando da sua pronunciação a
glote (= as cordas vocais) não entra em vibração; é
forte, ou seja, pronunciado com uma forte tensão muscular dos órgãos; é oral (ou não nasal), porque a sua
realização não é acompanhada pela passagem de ar
pelas fossas nasais. O segundo elemento [ò]: *-au-* é
uma vogal, que, aquando da sua produção, deixa
aberto o canal respiratório (diferentemente das consoantes, que implicam fechar ou retrair o canal); é
pronunciado com os lábios arredondados; é posterior, sendo a língua dobrada para trás da cavidade
bucal; é c breve, sendo a duração da sua realização mais curta do que a de *Paule;* é oral (ou não
nasal); é uma vogal de terceiro grau de abertura,
ou seja, para a sua realização a abertura do ângulo maxilar é maior do que para [u]: *-ou-* (de
poule, por exemplo), que é de 1.º grau, maior ainda do
que para [ó] de *Paule*, que é de 2.º grau, mas menor
do que para [a] *-â-* de *pâle*, que é de 4.º grau. O terceiro elemento é uma consoante fricativa, implicando
a sua realização a retracção do canal de expiração e a
fricção do ar que passa; é uma lateral, porque a fricção se dá de cada lado da língua por onde o ar passa;
é sonora, pois as cordas vocais vibram aquando da sua
produção.

Podemos, assim, descrever as propriedades físicas
dos elementos do significante; mas a descrição dos
três elementos — notados segundo o alfabeto fonético
[pòl] — basta para a nossa intenção.

Uma tal descrição não põe a descoberto as unidades linguísticas. Primeiro, porque a pronunciação
de *Paul* se realiza como um contínuo sonoro e não

---

mente, ser caracterizados pelas propriedades das ondas sonoras (frequência, amplitude, duração): trata-se, então, da fonética acústica;
3.º — pode ainda tentar caracterizar-se os sons do ponto de vista das
reacções fisiológicas que provocam no receptor, mas tal não parece
possível no estado actual dos nossos conhecimentos. As indicações
que damos aqui sobre as características físicas dos sons emanam da
fonética articulatória. Salientemos, também, que a pronúncia considerada é uma variedade corrente na região parisiense.

Para um relance sobre a fonética pode consultar-se MALMBERG,
La Phonétique e *Les Domaines de la phonétique*. Também podem
encontrar-se elementos sobre a fonética distintiva nos manuais de
iniciação à fonologia, como *La Description phonologique* de MARTINET.

como uma sequência de elementos descontínuos. Por exemplo, a sucessão de [p] e [ò] implica que a glote, aberta para [p], se retraia para produzir vibrações ditas «voz». Ora, esta mudança faz-se progressivamente: entre ausências de vibrações e vibrações da glote, poderiam ser observadas inúmeras fases. Se só retemos duas, é por razões funcionais; fisicamente, nada justifica esta redução (ou aproximação).

Seguidamente, as propriedades dos elementos fónicos podem apresentar variações segundo os contextos: aquilo a que chamámos oclusão pode realizar-se como explosão (relaxamento na acção de fechar) no início de *Paul*, como implosão (ou seja, encerramento após abertura do canal de expiração) no final de *cap* ou ainda como sucessão de implosão e de explosão no intervocálico de *appât*. Uma descrição física, ainda que pouco precisa, daria, assim, três unidades diferentes no caso em que o falante só reconhece três ocorrências da mesma unidade.

Finalmente, não saberia decretar-se *a priori* quais as propriedades físicas que têm um valor funcional numa língua. As características físicas que permitem fazer a distinção, em francês, entre [p] surdo e [b] sonoro não têm valor distintivo em árabe ou em algumas línguas da Polinésia.

Estes argumentos intuitivos corroboram o princípio, dedutivo, que obtivemos ao partir da definição de uma língua: cada língua divide de maneira *sui generis* a substância fónica em unidades linguísticas.

4. O estudo funcional do som

Podemos submeter a mesma sequência *Paul est souffrant* a um estudo funcional e determinar em que medida os elementos fónicos que acabámos de caracterizar fisicamente assumem um papel na comunicação. O primeiro som, [p], é qualificado de oclusivo, surdo, bilabial, oral e forte. Algumas destas propriedades são pertinentes, na medida em que permitem distinguir um significante de um outro. Tomámos, assim, o traço surdo; se — mantendo-se todas as outras coisas iguais — o substituirmos pelo traço sonoro, obteremos o som [b], o qual, por si só, basta para distinguir dois monemas: *pain/bain*, *appât/abats*, etc. O traço bilabial também é dotado de poder distintivo e permite opor [p] a [t] labiodental, a [k] velar em *pas*, *tas*, *cas*, respectivamente. Tal já não é o caso do traço forte, que, em francês — diferentemente do coreano, por exemplo —, não pode ser dissociado do traço surdo. Estas duas propriedades físicas, que se pressupõem mutuamente, só constituem uma única característica do ponto de vista da função distintiva; há aí um traço pertinente «surdo-forte», a que podemos chamar «surdo». No que respeita à oclusão, já não se lhe pode atribuir o estatuto de uma característica distintiva, uma vez que é implicada pela bilabialidade; com efeito, não existe em francês a bilabial não oclusiva (tal como existe em espanhol). A diferença nasal/oral (não nasal) é susceptível de distinguir dois significantes: a única diferença que separa o [p] de *crispé* do [m] de *enthousiasmé*, é a oralidade de [p] por oposição à nasalidade de [m]. Podemos, assim, definir o primeiro dos fonemas que compõem o significante do monema *Paul* como oral, bilabial e surdo.

Através deste exame funcional, chegámos a uma definição do fonema /p/ por três traços pertinentes (= distintivos); assim fazendo, afastámos um determinado número de fenómenos, que estavam, efectivamente, presentes na realização concreta da sequência em estudo. Se usarmos o mesmo exame no [ò] e [l], chegaremos a resultados análogos; a definição funcional destes sons abstrairia de algumas das suas propriedades físicas. O mesmo aconteceria em [ò]: vogal traseira (*vs* [è] e [œ] vogal dianteira), de 3.º grau de abertura (*vs* [u] de 1.º grau, [ò] de 2.º grau e [a] de 4.º grau). Não são aqui retidas duas das propriedades físicas: o carácter arredondado não é pertinente, porque todas as vogais traseiras são arredondadas em francês. Do mesmo modo, a diferença longa/breve não é pertinente uma vez que, no mesmo círculo fónico, o [ò] (de *Paul*) se realiza de uma forma mais breve do que o [ó] (de *Paule*). E, para [l], a definição reduzir-se-ia a um só traço; porque nenhum dos traços lateral, sonoro ou fricativo está dotado de poder distintivo. Em francês, não existe fonema lateral não fricativo; lateralidade e fricatividade, como não são dissociáveis, mais não são do que uma só, mais não implicam do que uma só escolha. A sonoridade ou a surdez, ao serem determinadas pelo contexto — este fenómeno realiza-se como surdo quando é precedido ou seguido de um fonema surdo e ainda como sonoro em todos os outros —, não podem desempenhar um papel distintivo. O fonema /l/ deve ser definido, fonologicamente, por um só traço pertinente, a que se pode chamar, por convenção, «lateral».

5. Pertinência e comportamento linguístico

Os princípios que presidem à definição dos fonemas não são *a priori* evidentes; poderia parecer arbitrário, que se mantivesse como traço distintivo o carácter surdo de [p] e não a sonoridade de [l]. Para apreciar o processo que leva à distinção da pertinência (ou não pertinência) dos factos físicos, a discussão situar-se-ia a dois níveis distintos: empírico e teórico.

De um ponto de vista empírico, o valor das operações mede-se pela conformidade dos resultados aos dados, neste caso o comportamento e a intuição do sujeito falante. O exame do comportamento dos falantes parisienses — uma vez que é a utilização parisiense que estamos aqui a considerar — será convincente; eles realizam um sonoro [l] em *ongle* [õgl] e um surdo [l̥] em *oncle* [õkl̥], tendo a impressão de pronunciar a mesma unidade. E se os fizermos escutar duas realizações de *l*, uma sonora e outra surda, terão a impressão de ter ouvido duas ocorrências da mesma unidade.

De um ponto de vista teórico, a existência das variantes na realização das unidades é uma expressão do princípio de economia. Na medida em que as possibilidades articulatórias não são todas exploradas numa língua, cada unidade encontra um campo de dispersão em cujo interior se podem deslocar as suas realizações, estando este campo limitado pelas unidades vizinhas. Se só houver um fonema lateral numa língua, ele pode realizar-se surdo ou sonoro, segundo os contextos, sem correr o risco de confusão. A partir daí, quando uma realização sonora for mais fácil, como no intervocálico, encontra-se [l], e [l̥] nos contextos em que a realização surda maneja a inércia dos órgãos, como numa sílaba que termine por uma consoante fonologicamente surda.

A abstracção que uma análise fonológica opera pode parecer, à primeira vista, não fundamentada. Mas, se o resultado da análise estiver conforme com a intuição e com o comportamento dos utentes da língua, é porque esta abstracção não é invenção do fonólogo; corresponde a certos aspectos da operação por que o sujeito produz e percebe os enunciados da sua língua.

6. Sequências e unidades

A análise que fizemos sobre os elementos fónicos tinha por fim determinar quais os elementos dotados de poder distintivo — portanto, pertinentes — e quais os não pertinentes. Mas, sob este ponto de vista, sequências de fonemas, fonemas e traços distintivos assemelham-se; eles assumem todos a função distintiva. Importa determinar quais são os limites superior e inferior da unidade «fonema».

A resposta a esta questão não se apresenta logo à primeira; o que é fonema numa língua não o é sempre nem necessariamente noutra. Por exemplo, /tš/ (no início de *Tchad*) e /dž/ (no intervocálico de *adjoint*) são sequências de dois fonemas em francês, mas fonemas em muitas outras línguas, como o inglês e o persa; do mesmo modo, /kr/ é uma sequência de fonemas em francês (no início de *crayon*), enquanto é um único fonema em suíço alemão.

O fonema pode ser definido como um conjunto isolável mínimo de traços distintivos. Ao ser isolável, este conjunto não se confunde com o traço, que não pode aparecer só. Assim, na sequência /pla/ *plat*, o conjunto «oral» + «bilabial» + «surdo» constitui um fonema (o fonema /p/), uma vez que pode figurar só, sem os elementos que o acompanham na cadeia, por exemplo o traço «lateral» /l/, enquanto o traço «bilabial» não pode apareceber sem ser acompanhado de «sonoro» (ou «surdo») e de «oral» (ou «nasal»).

Além disso, o fonema distingue-se de uma sequência de fonemas, uma vez que é um conjunto mínimo de traços pertinentes; não se pode eliminar nele um traço pertinente («oral», por exemplo) sem que deixe de ser isolável. Em compensação, a sequência /pl/, não sendo um conjunto mínimo, não é um fonema; pode subtrair-se dela o traço «lateral» e o restante (/p/) permanece isolável.

Uma tal definição do conceito de «fonema» comporta, sem dúvida, uma hipótese, a saber, que o sujeito falante tem consciência dos elementos da cadeia falada que pode — na sua prática da língua — isolar do contexto. Mas esta hipótese não é gratuita. Intuitivamente, ela é verosímil: isolar um elemento e um só e fazê-lo passar por variações é um princípio elementar na procura de conhecimento. E é provável que o que foi construído, do ponto de vista da teoria do raciocínio, num pensamento formal, seja uma atitude corrente no pensamento intuitivo. Além disso, essa definição permite construir modelos que permitem uma verificação empírica. Também aí, a explicação dos princípios subjacentes à análise nos reaproxima do comportamento efectivo dos falantes; e é neste sentido que a discussão sobre pontos de pormenor pode valer a pena.

7. Tipos de unidades fónicas

No exame anterior, os elementos foram considerados sob o ângulo da função distintiva. Ora, os elementos fónicos podem assegurar também uma função de contraste.

Uma das consequências da articulação do enunciado em unidades é a dupla relação — sintagmática e paradigmática — que existe entre elas. Se o enunciado for concebido como uma sequência de elementos (ver Fig. 1.),

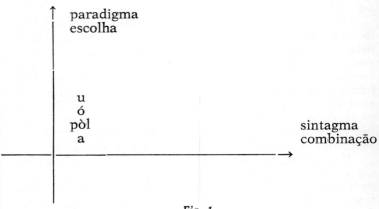

Fig. 1

todo o elemento pode ser considerado nas suas relações com todos os outros que poderiam ter figurado no seu lugar; é o eixo da escolha ou eixo paradigmático (no sentido em que engloba as unidades entre as quais se deve escolher para produzir a cadeia falada). Um outro tipo de relação é o que liga os elementos efectivamente presentes na cadeia; é o eixo sintagmático (ou da combinação). A função distintiva é revelada pela escolha possível num ponto da cadeia, relevando, portanto, do eixo paradigmático. Um elemento fónico pode só ter função no eixo sintagmático[5]; função a

---

[5] Há alguma aproximação na atribuição da função do fonema ao eixo paradigmático e a do acento ao eixo sintagmático. Sendo

que é conveniente chamar de contraste. A unidade fónica que tem por papel delimitar na cadeia as unidades significativas é chamada acento. Assim é em alemão, onde todo o monema tem um acento, ou em latim, onde cada palavra é portadora de acento. Esta definição do acento baseia-se unicamente na função demarcadora. Mas a descrição das línguas revela um facto notável: os elementos que assumem, unicamente, a função demarcadora são quase todos de natureza prosódica (ou supra-segmental). Por outras palavras, o acento realiza-se, regra geral, pela intensidade, duração ou altura musical. Isto conduz à prova de que a função de acentuação, a valorização do contraste, se enriquece mais depressa de factos (físicos) prosódicos que vêm sobrepor-se aos fenómenos segmentais (fonemas). Por conseguinte, parece legítimo, mesmo necessário, fazer entrar em linha de conta as considerações físicas quando se quer definir as unidades de uma língua.

E ainda há mais: os fonemas não são as únicas unidades fónicas susceptíveis de ter uma função distintiva. Em algumas línguas, a curva melódica também tem valor distintivo. Em chinês, por exemplo, a sequência de fonemas /ma/ representa quatro significantes distintos. Significa «mãe», se for pronunciado com um tom alto igual, «cânhamo», com um tom alto a subir, «cavalo», com um tom baixo a subir, «megera», com um tom baixo a descer. Do ponto de vista da função, fonema e tom assemelham-se; eles só diferem pela substância física que os realiza. Isto corrobora a ideia de que as considerações físicas e funcionais são solidárias.

Eis, brevemente apresentados, os tipos fundamentais de unidades fónicas. É interessante salientar que, por um método dedutivo, é possível reduzir a diversidade do material fónico das línguas a um número limitado de tipos e elaborar, assim, um quadro que permita separar semelhanças e diferenças entre línguas.

---

mais conciso, direi mesmo que os dois tipos de unidades só são definidos de forma adequada por referência aos dois eixos. Porém, esta aproximação parece razoável para a introdução das noções de base da fonologia, porque a caracterização do fonema se apoia, essencialmente, nas propriedades paradigmáticas e, casualmente, nas particularidades sintagmáticas, enquanto que, para o acento, o papel dos eixos é inverso.

8. Estrutura fonológica

A análise fonológica — de que demos um exemplo no parágrafo 4. — atribui ao francês parisiense os seguintes fonemas (com a sua definição):

Consoantes:

/p/: oral, bilabial, surdo
/b/: oral, bilabial, sonoro
/m/: nasal, bilabial
/f/: oral, labio-dental, surdo
/v/: oral, labio-dental, sonoro
/t/: oral, apical, surdo
/d/: oral, apical, sonoro
/n/: nasal, dental
/s/: oral, sibilante, surdo
/z/: oral, sibilante, sonoro
/š/: oral, chiante, surdo (ex.: *ch-* de *char*)
/ž/: oral, chiante, sonoro (ex.: *j-* de *jar*)
/ñ/: nasal, palatal (ex.: *-gn-* de *peigne*)
/j/: oral, palatal (ex.: *-y-* de *crayon*)
/k/: oral, velar, surdo
/g/: oral, velar, sonoro (ex.: *g-* de *gare*)
/r/: vibrante
/l/: lateral

Vogais:

/i/: oral, anterior, não arredondado, fechado
/é/: oral, anterior, não arredondado, semifechado
/è/: oral, anterior, não arredondado, semiaberto
/a/: oral, aberto
/y/: oral, anterior, arredondado, fechado (ex.: *-u-* de *but*)
/ø/: oral, anterior, arredondado, semifechado (ex.: *-eu* de *peu*)
/oe/: oral, anterior, arredondado, semiaberto (ex.: *-oeu-* de *coeur*)
/u/: oral, posterior, arredondado, fechado (ex.: *-ou-* de *bout*)
/ó/: posterior, oral, arredondado, semifechado (ex.: *-eau-* de *Beaune*)
/ò/: oral, posterior, arredondado, semiaberto (ex.: *-o-* de *bonne*)
/ẽ/: nasal, anterior, fechado
/õ/: nasal, posterior, fechado
/ã/: nasal, aberto

Notar-se-á que estes fonemas partilham alguns dos seus traços pertinentes e que poderão ser arrumados nos quadros seguintes[6] se se tiver em conta os seus traços comuns:

QUADRO DOS FONEMAS CONSONÂNTICOS

	Bilabiais	*Labio-dentais*	*Apicais*	*Sibilantes*	*Chiantes*	*Palatais*	*Dorso-velares*
«Surdos»	p	f	t	s	š		k
«Sonoros»	b	v	d	z	ž		g
«Nasais»	m		n			ñ	
«Vibrante»							r
«Lateral»							l

QUADRO DOS FONEMAS VOCÁLICOS ORAIS

Graus de abertura	Pré-dorsais não arredondados	Pré-dorsais arredondados	Pós-dorsais arredondados
1.º	i	y	u
2.º	é	ø	ó
3.º	è	œ	ò
4.º		a	

QUADRO DOS FONEMAS VOCÁLICOS NASAIS

Graus de abertura	*Pós-dorsal*	*Pré-dorsal*
1.º	ẽ	õ
2.º	ã	

---

[6] O sistema fonológico aqui apresentado baseia-se na descrição de A. MARTINET (ver *La Prononciation*). Os quadros que o apresentam são tirados de MAHMOUDIAN, *Les Modalités nominales*. Um consulta útil poderá ser feita a Henriette WALTER, *La Phonologie du français*.

9. Valor da concepção estrutural

Estes quadros, que representam os fonemas e as suas relações, pretendem ser uma imagem da estrutura fonológica. Uma estrutura é *a priori* uma hipótese do linguista; as relações que ela estabelece entre as unidades não podem ser directamente obsrvadas. Não se pode provar que o sujeito identifica (tanto na produção como na percepção) um traço pertinente «sonoro» em /d/ e /g/ e não em /l/ (em *dent, gant* e *lent*, respectivamente). Mas muitos índices vêm apoiar a concepção estrutural, entre os quais citaremos os seguintes:

Em sincronia, verifica-se que as unidades ligadas por um mesmo traço pertinente são solidárias, formam uma classe (a que se chama ordem ou série). Se uma variedade do francês — do Midi, por exemplo — não tiver a oposição /é/∼/è/, também não terá a oposição /é/∼/ò/ nem /∅/∼/oe/. Isto corrobora a tese de que as vogais /é, ∅, ó/ constituem uma ordem (semifechada) tal como /é, oe, ò/ formam uma só (semiaberta). Com efeito, do ponto de vista das vogais orais, o francês meridional distingue-se do parisiense, por só ter três ordens (fechado, médio, aberto), enquanto o segundo tem quatro (fechado, semifechado, semiaberto, aberto).

Outro exemplo: no contacto das línguas, esta concepção da estrutura fonológica permite prever algumas interferências. Assim, a comparação de dois sistemas fonológicos — árabe e francês, por exemplo — permite determinar as dificuldades com que o sujeito de uma lingua depara quando tenta praticar a outra língua [7].

Em diacronia, pôde verificar-se a mesma solidariedade entre fonemas. A existência de classes de fonemas explica a lei de Grimm e a de Verner, que exprimem as regularidades segundo as quais as oclusivas indo-europeias evoluíram ao passarem para o germânico comum: as oclusivas sonoras do indo-europeu passam para oclusivas surdas, as oclusivas surdas para aspiradas surdas e as oclusivas sonoras aspiradas

---

[7] Ver MAHMOUDIAN e outros, *Pour enseigner le français*, pp. 63-69, onde se podem encontrar exemplos de interferência entre o francês, por um lado, e o espanhol e o árabe, por outro. Os problemas do contacto e da interferência das línguas são tratados por WEINREICH (ver «Unilinguisme et Multilinguisme»).

para aspiradas sonoras. Sem recorrer ao conceito de «classe de fonemas» seria bastante difícil explicar o que leva um fonema da série oclusiva a evoluir no mesmo sentido que os outros fonemas da mesma série. A concepção estrutural do material fónico de uma língua permite fazer a apreciação não só das modificações experimentadas pelos fonemas, individualmente, mas também da mudança da configuração geral do sistema. Mesmo que existam oclusivas surdas nas duas línguas, elas são unidades diferentes, uma vez que não se situam no mesmo sistema, não mantêm as mesmas relações com as outras unidades; resumidamente, estão submetidas a uma dinâmica diferente, de que depende o seu futuro. Esta concepção tem uma dupla vantagem: são explicitados os conceitos — tais como série, traços pertinentes — implícitos na formulação original; também se ganha, na generalidade: os princípios que valem para a descrição sincrónica das línguas também encontram uma aplicação no estudo da evolução [8].

10. Paradigmas e sistema

Abordámos os elementos de método e os conceitos fundamentais da fonologia e não é nossa intenção proceder a uma exposição muito pormenorizada sobre a fonologia. No entanto, como os exemplos de aplicação valorizam mais o lado positivo, torna-se também conveniente salientar alguns dos problemas e dificuldades com que a fonologia se defronta.

Nos princípios de análise que evocámos, partimos da ideia de que dois factos fónicos se podem encontrar em oposição ou não. Ora, esta distinção dicotómica permite uma aproximação: supõe que as diferenças físicas dos sons podem ser arrumadas em duas classes: por um lado, diferenças (fonologicamente) pertinentes e, por outro, diferenças não pertinentes. Num tal quadro não teriam lugar as diferenças que são pertinentes em alguns contextos e não pertinentes noutros. Assim, a diferença entre [ó] e [ò], que pode opor *paume* [póm] e *pomme* [pòm], não tem nenhum valor distintivo em *pot* e *peau* (ambos se realizam como [po]). O recurso ao conceito de neutralização apresenta a

---

[8] Os primeiros trabalhos que confrontam os pontos de vista sincrónico e diacrónico devem-se a JAKOBSON (ver «Principes de phonologie diachronique») e, sobretudo, a MARTINET (ver *Économie des changements phonétiques*).

vantagem de fazer a apreciação das oposições verificadas em alguns contextos, mas suspensas em condições fonológicas precisas; o instrumento de análise fonológica é, assim, mais preciso. Desta feita, o sistema que se obtém no fim de uma descrição fonológica torna-se mais complexo: em vez de representar o sistema vocálico de uma só vez (tal como fizemos no parágrafo 8.), é preciso fraccioná-lo em dois. Tendo em conta os factos expostos, obtêm-se dois subsistemas para as vogais pós-dorsais: um — em final de sílaba — que comporta dois fonemas /u, o/, e outro — em posições não finais —, que apresenta três fonemas /u, ó, ò/. As oposições neutralizáveis da fonologia francesa não se limitam ao /ó/~/ò/ nem às vogais. No sistema consonântico, a oposição surda/sonora está, em alguns contextos, neutralizada; é por isso que se pronuncia, regra geral, da mesma maneira o que é ortografado *p* e *b* em *gypsophile* e *gibecière*, respectivamente. Em resumo, ao seguir os contextos sintagmáticos em que as oposições são estudadas obtêm-se paradigmas diferentes. O problema de fundo que nos coloca esta constatação é o saber como é que, através da série de paradigmas, se pode separar o sistema fonológico de uma língua.

11. Neutralização e constantes fonéticas

A neutralização não é a única causa da multiplicidade dos paradigmas de fonemas; pode muito bem acontecer que um fonema não apareça num contexto, sem que esta lacuna possa ser atribuída à neutralização de uma oposição qualquer. Assim, em alemão, o fonema /ŋ/ aparece no final da palavra (ex.: /diŋ/ /*Ding* «coisa»), mas não no início; em compensação, o fonema /h/ surge no início da palavra (ex.: /hant/ /*Hand* «mão») e não no fim.

Tudo isto porque a neutralização é a suspensão de uma oposição entre fonemas que tenham características comuns; essa suspensão pode ser explicada pela pressão do contexto. Por exemplo, considera-se como neutralização a relação entre /t/ e /d/, em alemão, onde os dois aparecem no início (ex.: enquanto no final só figura [t] — como em [hant] *Hant* «mão» — com exclusão de [d]). Neste caso, reunem-se duas condições: por um lado, os fonemas têm todos os seus traços pertinentes em comum salvo um, a saber, o traço surdo de /t/ oposto ao traço sonoro de /d/. Por outro lado, o contexto pode favorecer esta neutralização: é uma tendência bastante natural a de relaxar os órgãos fonadores antes de chegar à pausa que segue a palavra e de só realizar uma parte dos traços característicos do último fonema. Tal como no caso do exemplo francês de neutralização /p/~/b (ex.: *gypsophile* e *gibecière*), os dois fonemas são foneticamente aparentados e o contexto — proximidade imediata do fonema surdo /s/ — favorece a realização surda.

Ora, para que possamos basear teoricamente as aplicações do conceito de neutralização, é necessário que o modelo precise, por um lado, as ligações orgânicas dos elementos fónicos e, por outro, os contextos que provocam a suspensão das oposições. Por outras palavras, uma aplicação sem arbitrariedade da noção de neutralidade implica que se recorra a dois tipos de constantes (ou de universais) fonéticas. Na ausência de tais constantes [9] — de natureza estatística (ou tendencial), sem dúvida —, a distinção entre a neutralização de /t/~/d/ e a distribuição de /h/ e de /ʔ/ depende do julgamento intuitivo do descritor.

12. Problemas em suspenso

Para além dos problemas que acabámos de ver colocam-se outros, para os quais ainda não foram dadas soluções absolutamente satisfatórias. Por entre estas questões, citemos as seguintes: Os fenómenos de entoação são estruturados? Podem ser separados em unidades (tal como os factos fonemáticos)? Quais são as unidades reais em fonologia: os fonemas ou os traços pertinentes que os compõem? Etc.

Estes problemas podem ser analisados sob dois pontos de vista, a que chamaremos intrínseco e extrínseco.

Para começar, pode-se tentar acabar a construção dos modelos da teoria linguística sem se ocupar dos problemas «externos», ou seja, aqueles que dizem respeito à recolha e à observação dos dados, bem como à forma como estes se manifestam no indivíduo e na colectividade. Nesta óptica, intrínseca, o objectivo é o de clarificar os conceitos para os tornar aplicáveis a uma gama cada vez mais vasta de fenómenos observáveis. Retomando o caso dos paradigmas parciais e do

---

[9] Outros factores — não fonéticos — também intervêm; talvez e por acaso, porque a neutralização não se verifica em final de palavra em todas as línguas e já não afecte todas as oposições no final.

sistema global, podemos formular o problema, sob um ponto de vista intrínseco, da seguinte maneira:

Será necessário considerar todos estes paradigmas como equivalentes e estabelecer um sistema complexo que os situe no mesmo plano? Ou será mais conveniente estabelecer uma hierarquia entre estes paradigmas? E em que critério(s) se deve basear esta hierarquia?

As mesmas questões podem ser colocadas numa outra óptica, desta vez extrínseca, ou seja, tendo em conta a adequação do modelo aos dados que podem ser observados. Perguntar-se-á, então, se o sistema complexo que resulta de uma análise bem feita corresponde ao comportamento e à intuição dos sujeitos falantes, ou se, por uma hierarquização das oposições observadas, nos aproximamos melhor dos dados linguísticos.

Convém salientar que a maior parte das soluções clássicas para estes problemas deixa muito a desejar; quer elas visem a coerência dos conceitos: a solução é, então, não contraditória, mas conduz a uma deformação dos contornos da estrutura fonológica e a um aumento dos fenómenos marginais, para os colocar no mesmo plano dos factos centrais. Quer elas visem a adequação: os factos observados são hierarquizados; mas os critérios da hierarquização nem sempre estão explícitos e, às vezes, não se sabem as razões que levam a que se mantenham alguns factos no sistema e a que se coloquem outros fora do sistema.

Retomaremos estes problemas no capítulo 6; iremos ver que os argumentos, tanto intrínsecos como extrínsecos, levam a crer que a hierarquia, longe de ser um artifício do descritor, é inerente aos factos observáveis nas línguas; e que é possível basear teoricamente os critérios de hierarquização para escapar aos argumentos *ad hoc*. Uma das conclusões importantes que daqui se podem tirar é a da relatividade da estrutura linguística, na medida em que os factos de uma língua se organizam em múltiplos estratos e que os factos que relevam de cada estrato só intervêm nas condições psico-sociológicas determinadas no cumprimento da comunicação linguística.

13. A fonologia funcional e os outros modelos fonológicos

A exposição precedente baseia-se, essencialmente, no modelo proposto pela escola de Praga, por volta dos anos 20-30, e nos desenvolvimentos que se lhe seguiram. Paralelamente, foram apresentados outros pontos de vista sobre a estrutura fónica [10]. A convergência das opiniões sobre os problemas fundamentais é surpreendente. No entanto, havia discussões que opunham as escolas fonológicas. Porém, elas referiam-se, essencialmente, aos pressupostos ou, então, aos pormenores de uma estrutura fonológica.

Esta convergência assenta — segundo nos parece — no facto de que — pelo menos — três dos princípios fonológicos são, geralmente, admitidos: 1.º — o conceito de fonema é mantido por todas estas correntes de pensamento, mesmo que a definição nem sempre seja a mesma e que a terminologia varie. Na prática da descrição fonológica, separam-se *grosso modo* as unidades, mesmo que a ênfase seja mais ou menos colocada sobre tal ou tais aspectos do objecto. 2.º — O fenómeno é, em todas as tendências, mantido como fenómeno puramente físico. Enquanto uns definem o fonema como uma família de sons (Daniel Jones [11]), outros excluem da sua definição toda a alusão às propriedades físicas (Louis Hjelmslev [12]). Mas acontece que, através da prática e da verificação de diferentes afirmações dos próprios autores, se trata, neste caso — numa óptica puramente fonológica —, do lugar mais ou menos importante atribuído ao aspecto físico ou ao aspecto estrutural do mesmo objecto e não de uma oposição entre pontos de vista irredutíveis com um denominador comum. 3.º — O processo que conduz à identificação dos fenómenos consiste, relativamente a todos, na modificação de um elemento fónico, sendo a pedra de toque o significado. A este processo chamam uns «comutação» e outros «substituição» [13]. Ou ainda, a comutação, geralmente concebida como uma prova, é considerada por alguns como uma função dos elementos linguísticos. Estas diferenças — pertinentes, quando são colocadas num outro ponto de vista para examinar as posições epistemológicas e teó-

---
[10] Ver LÉON, SCHOGT e BURSTYNSKY, *La Phonologie*, onde os autores apresentam uma selecção de textos e de comentários esclarecedores da diversidade e evolução dos princípios e métodos fonológicos.
[11] Ver *The Phoneme, its Nature and Use*.
[12] Ver *Prolégomènes*.
[13] O termo comutação foi proposto por Hjelmslev, mas os fonólogos da escola de Praga já praticavam esta prova. O termo utilizado, na linguística americana, é o de *substituição* (ver HARRIS, *Structural Linguistics*).

ricas, por exemplo — não parece terem tido influência notável nos estudos fonológicos.
Em contrapartida, pensamos serem de uma importância capital, para a investigação fonológica e para a sua evolução, as divergências que passamos a abordar:
1. Fonema: entidade de uma estrutura imanente. Ao querer elaborar uma disciplina que estudasse a linguagem, segundo a fórmula de Saussure «em si mesma», Louis Hjelmslev concebe toda a linguagem como forma pura, ou seja, como um conjunto de elementos ligados entre si unicamente pelas suas relações de implicação. Chama-se a esta concepção imanente uma vez que tudo o que é pertinente para identificar os elementos constitutivos de uma língua deve provir da própria língua. São, assim, excluídas todas as considerações físicas, psíquicas e sociais por serem exteriores à língua e, portanto, à linguística. Esta concepção é rica em implicações para a fonologia; ela não reconhece ao fonema (rebaptizado de senema), enquanto elemento da estrutura, nenhuma propriedade física. Esta unidade pode, na sua realização, juntar-se a uma substância (fónica, gráfica, luminosa, etc.); mas todas estas características substanciais são consideradas como exteriores à estrutura que é a língua. Imagina-se, facilmente, o impasse a que conduz esta concepção imanente do fonema; na prática, o descritor é levado a ter apenas em conta o que conhece dos atributos físicos das unidades e do valor de que estas se revestem na sua própria intuição. Diga-se, de passagem, que os desenvolvimentos recentes da fonologia, que permitem uma adequação cada vez mais estreita das nossas hipóteses aos dados que podem ser observados, só foram possíveis na sequência da recusa desta concepção imanente e pelo facto de serem, sistematicamente, tomados em conta estes atributos físicos, psíquicos e sociais. Estes princípios teóricos têm duas consequências práticas para a fonologia: a) os fonemas, separados por comutação, são considerados como totalidades indivisas, diferentemente da fonologia da escola de Praga, que considera que cada fonema é analisável nos seus traços pertinentes; b) a definição e a classificação dos fonemas são feitas com base nas propriedades distribucionais, ou seja, nas posições que os fonemas podem ocupar na cadeia.
2. Concepção distribucional do fonema. É partindo de outros princípios teóricos que Zellig S. Harris exprime as suas reticências face aos critérios físicos

e psíquicos no estudo fonológico: a procura de objectividade leva-o a abstrair-se de tudo o que emana da intuição para se centrar no exame dos factos observados. O objecto da linguística reduz-se, assim, ao significante fónico e à sua estrutura distribucional, dele se excluindo todo o elemento não susceptível de uma observação directa. Esta abstracção dá-se não em nome da estrutura imanente, mas porque, se se tiveram em conta estes factos — a saber, intuição, significação, etc. —, se obtêm resultados sujeitos a importantes variações, sem estrutura. Tanto no distribucionalismo de Harris como na glossemática de Hjelmslev, as unidades são identificadas por comutação (segundo Harris, substituição), depois definidas e classificadas conforme as suas características distribucionais. Os dois processos são, apesar de tudo, diferentes: em comutação, os dois elementos são reconhecidos como diferentes se a substituição de um pelo outro produzir uma modificação do conteúdo (semântico); em substituição, a operação deve conduzir a uma sequência fónica que o sujeito falante considere diferente da sequência inicial. Em breves palavras, /p/ e /b/ são reconhecidas, em francês, comunidades diferentes que seguem os mesmos processos; para o distribucionalista, o critério de distinção é o julgamento intuitivo do utente que acha que /pal/ e /bal/, /pul/ e /bul/, etc., são sequências fónicas diferentes (e não porque tenham sentidos diferentes). Harris reconhece o interesse e a legitimidade de estudos linguísticos que entrem em linha de conta com os dados fonéticos, psíquicos e sociais, mas considera-os exteriores à linguística estrutural. Tal como a glossemática, o distribucionalismo pára a análise do significante ao nível do fonema e não reconhece ao traço pertinente o gozo de todos os direitos no sistema fonológico. Não voltaremos a referir as vantagens que o conceito de traço pertinente apresenta; contentar-nos-emos com algumas observações sobre a distribuição e a constância da estrutura:

Primeiro, é gratuito o postulado de que só a distribuição permite estabelecer uma estrutura para os factos do significante (fónico): dois francófonos que tenham regras distribucionais diferentes podem, no entanto, entender-se. O natural de Toulouse, que distingue *ni* /nj/ de /ñ/gn/ (em *nous peinions* e *nous peignons*, por exemplo), e o parisiense, que os confunde, têm distribuições diferentes para os seus fonemas /n, i, j/, já sem falar de /ñ/, mas entendem-se, mesmo que o entendimento mútuo não atinja o mesmo grau que poderia atingir entre dois naturais de Toulouse e dois parisienses.

Depois, a distribuição só pode ser examinada por elementos que tenham sido previamente identificados. Harris diz que os dados com que trabalha não emanam nem da dimensão acústica, nem da articulatória nem provêm mais da intenção do falante do que da impressão do auditor, etc.; eles emanam, sim, do que é comum a todos estes aspectos dos factos linguísticos. Há aqui todo um programa de investigação experimental que conduz à estrutura dos dados; investigação essa que Harris e outros distribucionalistas não empreenderam.

Quanto à constância da estrutura, é preciso salientar que os resultados do estudo distribucional comportam aproximações; a identificação dos fonemas faz-se com base no crédito que as distribuições mais ou menos semelhantes (e não absolutamente idênticas) merecem. A resposta do informador solicitado nem sempre é clara e varia conforme a situação, o contexto, etc. (Será que, em Paris, se pronuncia da mesma maneira ou de maneiras diferentes *nous peinions, nous peignons* e *nous peignions?*) Tudo isto faz com que a estrutura distribucional assente em critérios relativos; ela é, pois, relativamente constante. Eis aí, precisamente, um dos grandes defeitos do distribucionalismo: pretende-se um rigor científico absoluto, mas, no fundo, fica-se contente com uma estruturação relativa (que comporta aproximações e variações). Paralelamente, permite-se rejeitar, fora do campo de investigação, alguns factos, fazendo valer que eles são sujeitos a variações.

3. Traços pertinentes universais. O traço pertinente foi originalmente concebido como inerente a uma língua, mais estreitamente a um sistema fonológico determinado. Coloca-se aí um problema porque, para determinar o que distingue um fonema de outro, é preciso saber previamente as características de cada um deles. Ora, as características fónicas são contínuas podem ser divididas de múltiplas maneiras, e os parâmetros assim obtidos são demasiado numerosos para que possam ser, integralmente, enumerados para cada fonema. Além disso, nem todas as características fónicas são «boas» para a função distintiva, e verificam-se, por entre as línguas mais afastadas — quer genética quer geograficamente —, semelhanças notáveis do ponto de vista dos seus traços distintivos. Estas

e outras razões levaram a que linguistas, a partir dos anos 50, fixassem uma lista dos traços distintivos universais.

Jakobson, Fant e Halle propõem reduzir a doze o conjunto das diferenças fónicas que podem ser pertinentes em qualquer língua. Na sequência do interesse que os estudos formais sobre a linguagem suscitaram, os traços distintivos universais adquiriram uma vasta audiência. No entanto, convém colocar no lugar que é o seu esta concepção dos traços pertinentes. A investigação dos universais é — tal como vimos — legítima e necessária; mas toda a concepção dos universais é uma hipótese que deve ser submetida a uma verificação e apreciada conforme a sua adequação. Exceptuando as dificuldades inerentes ao estudo experimental dos traços pertinentes, as investigações que seguiram este modelo levantam problemas. Por um lado, baseiam-se frequentemente em hipóteses do modelo de uma tal maneira que é difícil distinguir observações (feitas independentemente do modelo) de interpretações (que resultam da aplicação do modelo). A partir daí é difícil estimar o seu valor. Por outro lado, este modelo acompanhou outras hipóteses, pouco explícitas e inverificáveis.

Assim, o famoso triângulo de Jakobson [14] (olhado como representante das oposições mais fundamentais para todo o sistema fonológico, as quais apareciam logo a seguir à aquisição e desapareciam, mais tarde, aquando da perda da linguagem) não parece ter reunido muitos argumentos empíricos a seu favor. Outro exemplo: a proposta de reduzir a uma só dimensão (tenso/lasso) quatro oposições (tensão, intensidade, aspiração, pré-aspiração), que deveriam ser consideradas como variantes da mesma oposição, não é completamente convincente. Esta redução não é em todos os pontos análoga à que permite colocar sob um mesmo ponto as realizações de um fonema. Porque, neste último caso, as variantes, que são aproximadas (o *l* [l] sonoro de *ongle* e o [l̥] surdo de *oncle*, por exemplo) são membros de um mesmo sistema; correspondem à mesma intuição do falante e do auditor, assumem a mesma função na comunicação. Mas, se por variantes

---

[14] O triângulo originário compreende os três fonemas /a/, /p/ e /t/, onde «/a/ — energia elevada concentrada — contrasta com as duas consoantes /p/ e /t/ — energia baixa. As duas consoantes opõem-se entre si como os pólos grave e agudo (...)» (*Essais*, p. 137). p. 137).

se entende outra coisa para além da sua acepção corrente, convém, então, precisá-lo. A observação não é puramente terminológica; a aplicação do termo «variante» — devido à sua definição estrita — explicita as condições da sua validade. Dois elementos fónicos só podem ser considerados como variantes — no sentido restrito do termo — de um fonema ou de um traço pertinente se corresponderem ao mesmo julgamento intuitivo ou à mesma reacção no comportamento do utente. Sem dúvida alguma, esta redução das variantes à unidade leva, no domínio do material fónico de uma língua, a um sistema relativamente simples. Mas o critério interno de simplicidade não é a única justificação da atribuição de variantes a um fonema; há, também e sobretudo, o critério externo — intuição e comportamento linguístico do sujeito — que valida esta redução. Ora, na utilização que Jakobson e os seus discípulos fazem do conceito de variante, só a simplicidade justifica a redução.

4. A fonologia generativa. Na linha da gramática transformacional, a fonologia passou por modificações consideráveis. Salientemos, à partida, que a apresentação das regras fonológicas por símbolos em nada muda o conteúdo do que é enunciado. Para dar um exemplo simples, digamos que uma regra de assimilação regressiva pode ser formulada do seguinte modo:

$$\begin{bmatrix} + \text{consonântico} \\ - \text{palatal} \end{bmatrix} \longrightarrow [+\text{palatal}] \underline{\qquad} \begin{bmatrix} + \text{vocálico} \\ + \text{palatal} \end{bmatrix}$$

Esta regra mais não diz do que «as consoantes não palatais tornam-se palatais face às vogais palatais». Uma simbolização deste tipo pode ter vantagens (por exemplo, a de explicitar algumas coisas, que correriam o risco de serem ambíguas quando expressas nas línguas naturais), mas não basta por si só para conferir rigor científico ao enunciado de uma regra.

O traço mais característico da fonologia generativa é o de que ela separa a competência da «performance». As regras da fonologia generativa, consideradas como reveladoras da competência, não poderiam ser apreciadas segundo o comportamento ou a intuição dos sujeitos falantes. Os argumentos invocados a favor e contra as soluções trazidas para um problema fonológico são a simplicidade, a generalidade, o poder explicativo, etc. Mas estes conceitos nem sempre estão explícitos; e, quando o estão, não parecem ser, necessariamente, os mais verosímeis nem os mais tangíveis.

Senão, vejamos o conceito de simplicidade; para Chomsky, uma descrição é tanto mais simples quanto menor for o número dos elementos últimos (traços pertinentes, neste caso) a que recorrer. No entanto, não é evidente que isso corresponda ao que é simples para os utentes de uma língua. Poderiam, de igual modo, propor-se outros critérios de simplicidade. Na medida em que a redução do número de elementos implica um aumento das regras (= tratamentos a fazer), uma forma de ganhar em simplicidade seria reduzir as regras e aumentar os elementos [15]. Podem, igualmente, perspectivar-se modelos mais elaborados; por exemplo, a simplicidade pode ser concebida como um equilíbrio entre o número das regras e o dos elementos, conforme a generalidade (ou restrição) das regras e a frequência (ou raridade) dos complexos, que resultam da aplicação destas regras [16]. Em nome da simplicidade da descrição, a fonologia generativa rejeita o conceito de fonema para se manter no traço distintivo como realidade linguística: uma dezena de traços pertinentes em vez de algumas dezenas de fonemas. Mas, também neste caso, como na linguística distribucional, trata-se de hipóteses, que se podem considerar importantes, que podem ser examinadas com toda a consideração que merecem; mas não há nada que permita considerá-las como adquiridas nem recusar, em seu nome, o fonema, como unidade linguística, tendo uma contrapartida na intuição do sujeito falante. No caso de a descrição dever tornar clara a realidade psíquica da linguagem, então o fonema encontrará aí, indubitavelmente, o seu lugar. Porém, o quadro teórico da gramática generativa transformacional comporta uma ambiguidade desagradável: por um lado, a análise linguística é olhada como sendo

---

[15] A observação de Ladefoged dirige-se no seguinte sentido: «A neuropsicologia e a psicologia indicam-nos que, em vez de amontoar um pequeno número de elementos primários e de os organizar segundo um grande número de regras, armazenamos um grande número de itens complexos que manipulamos com a ajuda de operações comparativamente simples. O sistema nervoso central é como uma espécie de computador especial que tem um acesso rápido aos itens de uma memória muito vasta, mas que, comparativamente, tem poucas possibilidades de tratar estes itens quando forem tirados da memória.» Segundo citação de LÉON; SCHOGT e BURSTYNSKY, p. 325).

[16] Isto é o que nós pensamos dever compreender da tese de André MARTINET (ver *Éléments*, Capítulo VI), quando ele define a economia da estrutura linguística como um equilíbrio entre o uso sintagmático e o esforço paradigmático.

correspondente à realidade mental; por outro, a separação entre competência e «performance» impede toda a confrontação dos resultados da análise com os dados (intuitivos, do comportamento, etc.).

Pode observar-se isto não só na discussão sobre a unidade real da fonologia («fonema ou traço pertinente?») mas também na apresentação das regras. Na fonologia generativa, as regras são apresentadas de forma a dissimular a maneira como as sequências — palavras, sintagmas, proposições, etc. — são engendradas a partir dos traços pertinentes. A ambiguidade do conceito de competência constitui um embaraço para a apreciação destas descrições, que — na falta de toda a confrontação possível com os dados — acabam por não passar de exercícios de simulação. É interessante verificar que os resultados mais convincentes da fonologia generativa provêm das investigações que, ao rejeitarem a distinção competência/«performance», puderam reaproximar hipóteses e dados.

Tal como vimos, tanto a fonologia generativa como a concepção universalista em nada mudaram os processos que permitem separar as oposições fonológicas de uma língua; ambas operam sobre resultados obtidos por estas provas.

E, para terminar, chamamos ainda a atenção para o seguinte: o termo fonologia foi empregue, na gramática generativa, para os factos de alternância — regra geral classificados na morfologia —, bem como para o domínio clássico da fonologia. Voltaremos a este assunto nas páginas dedicadas à morfologia.

5. AS UNIDADES SIGNIFICATIVAS

1. Liminares

O estudo das unidades significativas tem por objectivo pôr em evidência as unidades e os processos que permitem a constituição de enunciados de que se servem os sujeitos falantes na comunicação linguística. (Enunciados e não frases, porque não queremos reduzir, logo à partida, o campo de estudo a um tipo particular de combinação de monemas.) A ideia subjacente a esta definição é a de que o sujeito falante, ao analisar a experiência a ser comunicada, escolhe os signos (monemas ou sequências de monemas), que reúne em enunciados e, depois, profere; e que o auditor, partindo do enunciado e seguindo o mesmo processo no sentido oposto, chega à reconstituição da experiência.

Esta definição não reúne o acordo de todos. Uns, inspirados pelos estudos fonológicos, pensam que se pode estudar o significante a partir do significado; assim como também o estudo do significado é possível por recurso ao significante. Mas, nesse caso, não haveria lugar para um estudo do signo (enquanto significante + significado [1]). Esta objecção baseia-se numa concepção imanente do objecto da linguística na qual significante e significado têm uma existência independente do uso que dela é feito e da imagem que dela têm os falantes de uma língua. Mas, a partir do

---

[1] É esta a ideia de HJELMSLEV em *Prolégomènes* e é a que parece ser a posição de PRIETO em *Principes de noologie*, Capítulo I, § 9, nomeadamente.

momento em que se faz entrar em linha de conta a intuição e o comportamento linguísticos, este argumento deixa de ter validade. Porque, em última instância, é o juízo dos utentes que determina a identidade (ou a diferença) do significante (ou do significado). Se /s/ é um fonema distinto de /š/, em francês, é porque o sentido de *sien* é diferente do de *chien;* mas esta diferença de sentido só é acessível à observação se se recorrer à consciência linguística do sujeito falante (mesmo que, em alguns casos, descritor e informador sejam uma só e mesma pessoa). No caso do signo (e, mais geralmente, em qualquer outro caso) linguístico, é preciso não esquecer que os critérios de identificação são hipóteses que pretendem ser válidas pela sua adequação aos dados empíricos. Pode muito bem acontecer que a confrontação não seja nem directa nem possível com as técnicas disponíveis. Mesmo quando verosímeis, enquanto esperam uma confrontação com os dados as hipóteses não passam de meras hipóteses.

A legitimidade de um estudo autónomo do signo linguístico é posta em causa por alguns ramos da gramática generativa transformacional. (Voltaremos a este assunto no § 18.) Por agora salientemos que, ainda nesta argumentação, não são considerados os dados empíricos e que os critérios são internos à construção teórica (simplicidade, por exemplo).

Seria outra a conclusão se se tivessem em conta os dados comportamentais e intuitivos. O falante tem, regra geral, uma intuição muito imediata dos signos linguísticos; provam-no as escritas mais antigas — ideográficas — que se baseiam na identidade do signo.

2. Sintaxe e morfologia

A definição que acabámos de dar exclui a fonologia do estudo do signo linguístico, o qual incorpora, porém, o exame de alguns aspectos do significante. E isto porque a fonologia não esgota todos os fenómenos da face significante; ela dá-nos as unidades fonemáticas ou prosódicas com que os significantes podem ser formados e a forma como eles se combinam. Mas nem todas as combinações possíveis das unidades fonológicas são exploradas na formação dos significantes. A sua enumeração cabe à *morfologia*. Só que o objecto da morfologia não fica por aqui; entre outras coisas, ela ocupa-se, sobretudo, das variações por que passam os significantes e das condições em que se realizam (dado que estas mudanças de significante não correspondem a diferenças de significado). Para além da morfologia, o estudo do signo comporta a sintaxe, que é definida como o estudo da combinação dos monemas (ou das sequências de monemas).

Evidentemente que um estudo do signo linguístico só pode ser completo se a identidade e as variações da face significativa forem examinadas: esse exame é da competência da semântica (para empregar um termo neutro). Dados os laços que unem factos de sintaxe e factos semânticos, ninguém duvida que a semântica possa ser considerada como uma disciplina autónoma à semelhança da fonologia.

3. Morfologia

A morfologia é definida como o estudo do significante dos signos (ou sequência de signos) linguísticos. Esta definição tem dois limites: por um lado, o estudo tem por objecto a face do significante, com exclusão do significado; por outro, não engloba o exame do material fónico. A partir daí, a morfologia indica-nos se um significante é constante nas diversas condições do emprego do signo; e, quando há variações, quais as suas natureza e condições.

Para ilustrar o que dissemos, tomemos como exemplo as formas verbais em francês. O verbo *marcher* é sempre representado pela mesma sequência de fonemas /marš/, seja qual for o pronome que a acompanhe, tal como sobressai da lista que se segue:

/ž marš/   je marche   /nu maiš-õ/   nous marchons
/ty marš/   tu marches   /vu marš-é/   vous marchez
/il marš/   il marche   /il marš/   ils marchent

Nos mesmos contextos, outros verbos seriam representados por formas diferentes. O número das variantes do significado é de duas para *mourir* (/mœr/ e /mur/), três para *pouvoir* (/pö/, /puv/ e /pöv/), quatro para *avoir* (/é/, /a/, /av/ e /õ/) e cinco para *être* (/syi/, /è/, /sòm/, /et/ e /sõ/). Estas variações de significante emanam da morfologia.

Notar-se-á que o significado do verbo *mourir* é o mesmo quer o significante seja /mœr/ ou /mur/. Os dois sintagmas verbais /il mœr/ *il meurt* e /nu murõ/ *nous mourons* têm significados diferentes, conservando o monema verbal, em qualquer dos casos, o mesmo significado.

Ainda outra observação: nenhuma das variações que citámos neste exemplo emana da fonologia nem foi provocada pelas regras que restringem a distribuição dos fonemas na cadeia. Por exemplo, a sequência /œrõ/ é fonologicamente possível em francês, tal como o testemunha *fleuron*. Não é, pois, por restrição fonológica que se realiza o significante de *mourir* pela sua variante /mur-/ em *nous mourons*. Assim como /mur-/ é uma sequência possível na fonologia francesa; prova disso é a existência de palavras como *amour*. Não é, pois, por razões fonológicas que em francês se tem /il mœr/ *il meurt* e não /il mur/ *il mourt*. E, neste sentido, pode dar-se conta de que, quando aparece uma variante, poderia, de igual modo, figurar uma outra se só se estivesse submetido às restrições fonológicas.

Sem dúvida que há relações entre as duas disciplinas: em sincronia, algumas zonas de estrutura são intransigentes quanto às duas; e, em diacronia, observam-se movimentos alternativos entre elas. Mas, no seu conjunto, os dois domínios permanecem distintos.

Aquilo a que se chama morfologia designa as variações do significante, que se devem a um condicionamento ao mesmo tempo fonológico e monemático (ver pág. 97.

4. Tipos de fenómenos morfológicos

A morfologia de uma língua seria simples se cada monema tivesse um significante invariável que se verificasse, sem interrupção, num ponto da cadeia sem se cruzar com os significantes vizinhos; um pouco como a forma ideal da cadeia falada, em Ferdinand de Saussure [2], para quem: «Uma delimitação correcta exige que as divisões estabelecidas na cadeia acústica (α β y...) correspondam às da cadeia dos conceitos (α' β' y'...)»:

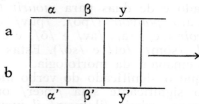

[2] Ver *Cours*, p. 146.

Neste caso, bastaria estabelecer um repertório onde figurasse uma sequência de unidades fonológicas para cada monema; este inventário esgotaria os factos morfológicos. Não nos parece existir língua alguma dotada de uma tal estrutura morfológica; alguns monemas aproximam-se deste ideal, mas outros têm um estatuto morfológico mais complexo.

As combinações morfológicas parecem ser dos seguintes tipos:

1.º — Significante variável. O significante de um monema pode realizar-se por variantes conforme o contexto. Por exemplo, o monema «aller» tem por significante /va/ em /il va/ *il va*, /al/ em /il alè/ *il allait* e /i/ em /il irè/ *il irait*.

2.º — Significante descontínuo. O significante de um monema pode realizar-se sem interrupção; assim, em /ilz ariv/ *ils arrivent*, os três monemas têm cada um o seu segmento próprio da cadeia sonora para o significante:

Sa	/il/	/z/	/ariv/
Sé	«3.ª pess.»	«plural»	«arriver»

Já o mesmo não se passa com o monema «feminino», que é representado pelo significante descontínuo /...a...t...ris/ em /taptitk òlabòratris/ *ta petite collaboratrice*. A partir do momento em que se substituir o «feminino» pelo «masculino», os três segmentos /a, t, ris/ são, também, substituídos por outros segmentos ou por zero; senão, veja-se o caso de /tõptik òlabòratœr/ *ton petit collaborateur*. Na medida em que a unidade é separada pela escolha que implica, só pode haver um monema «feminino».

3.º — Significantes amalgamados. Os significantes de dois ou mais monemas contíguos podem ser confundidos de forma inextricável. Em francês, por exemplo, o monema «definido» e o monema «à» exprimem-se pelo segmento /o/ *au* em *il va au hameau*. Outro exemplo: as declinações do latim comportam, sob uma forma amalgamada, o significante do caso e do número.

4.º — Significante zero. Um monema pode, por vezes, ter como significante não um segmento fónico mas «zero». No sintagma latino *vir* «homem, nom., sg.», o que indica a presença do «singular» e do «nominativo» é a ausência de marca dos outros casos («acus.», «dat.», etc.) e do «plural». A ausência do significante só pode, evidentemente, marcar a presença de um monema se este último pertencer a um paradigma obrigatório, cujos membros sejam em número estritamente limitado. O auditor pode, então, encontrar por eliminação o monema expresso por zero.

5.º — Sincretismo. Dois monemas podem, em certos casos, ver o seu significante representado pela mesma sequência fónica. Em francês, a sequência /per/ *peign* - em *vous peignez* /vu peñé/ é o significante sincrético do verbo *peindre* e do verbo *peigner*. Também se tem no latim *animalia* um sincretismo entre «acus., pl.» e «nom., pl.».

Este último exemplo mostra, ainda, que os diferentes tipos de factos morfológicos não são exclusivos: a declinação de *animalia* ilustra a presença concomitante da amálgama e do sincretismo.

5. Morfologia das sequências de monemas

Os exemplos supracitados foram tirados do domínio dos monemas; mas os factos morfológicos podem, também, manifestar-se no quadro de segmentos maiores. Tomemos, como exemplo, os sintagmas que, em francês, compreendem um substantivo e um epíteto. Em alguns contextos, a ordem subst. + epít. é imposta: *un village occitan* ou *son pantalon neuf;* noutros, é imposta a ordem epít.+subst.: *un grand appartement.* Esta restrição referente ao lugar do epíteto é da alçada da morfologia, tal como o são, também, as latitudes de que se dispõe na ordem dos elementos; veja-se o caso de *une gracieuse personne* vs *une personne gracieuse.* Em neerlandês existem latitudes posicionais semelhantes na ordem dos constituintes do sintagma verbal em certos contextos como *ik geloof dat Jan dat gezegd heeft* ou *ik geloof dat Jan dat heeft gezegd,* «eu penso que o João disse isso».

Neste caso, os monemas são os mesmos e as suas relações imutáveis; trata-se, portanto, das mesmas sequências de signos expressas por variantes do significante. Já o mesmo não se passa com *un homme brave* e *un brave homme,* que têm significados diferentes e, por isso, devem ser tratados na sintaxe.

Os factos morfológicos citados como exemplo conduziram-nos, até agora, às unidades fonemáticas; mas existem outras, que se manifestam por mudanças de tom ou de acento. No persa falado em Teerão, o pretérito '*rafti* «tu foste» e o perfeito *raf'ti* «tu foste» só se distinguem pelo lugar que o acento ocupa. Em ngbaka — língua centro-africana —, dois sintagmas distintos podem no plano do significante ter apenas diferenças de tom: senão, compare-se? *é kòō hò ⁿhōn* «ele começa a comer» e? *é kòō hōⁿhón* «ele começa a comer a comida ³».

Parece ser no quadro das sequências de momenas que se pode tratar, de forma adequada, estes factos morfológicos.

6. Condicionamento dos factos morfológicos

Os factores que determinam o aparecimento das variantes são de duas ordens: internas (inerente à estrutura da língua) e externa (dependente da situação, das origens sócio-geográficas, etc.).

Do ponto de vista interno, as variantes podem ser combinatórias (=contextuais) ou livres (=facultativas). As variantes combinatórias repartem-se conforme os contextos: o verbo *aller* é expresso por /va/ com os pronomes «2.ª pess. sing.» (/ty va/) e «3.ª pess. sing.» (/il va/), por /al/ com o «imperfeito» (/il alè/) e por /i/ com o «futuro» (/il ira/), etc. Em compensação, /asié/ e /asua/ (em *il s'assied* /il s asié/ e /il s asua/ *il s'assoit*) ou /pØ/ e /pyi/ (em *je peux* /ž pØ/ e /ž pyi/ *je puis*) são variantes livres; os sujeitos têm, num determinado contexto, a escolha entre estas variantes. Os elementos contextuais que determinam a distribuição das variantes podem ser puramente sintácticos; é o caso dos exemplos supracitados. Aliás, os factores determinantes podem comportar tanto elementos fonológicos como elementos sintácticos. Por exemplo, o pronome «2.ª pl.» realiza-se como /vu/ em /vu marše/ *vous marchez*, mas como /vuz/ em /vuz alé/ *vous allez*. Esta alternância /vu/-/vuz/ não se deve às restrições fonológicas puras; testemunham-no /vu arselé/ *vous harcelez*. Aqui, o condicionamento é ao mesmo tempo fonológico e monemático.

Do ponto de vista externo, as variantes podem estar repartidas de forma desigual na comunidade. Pode, então, evocar-se a origem sócio-geográfica ou a situação de comunicação. Assim, a forma *je puis* já só é empregue por pessoas de um certo nível de instrução e em circunstâncias um pouco formais; em compensação, /il ō/ em, por exemplo *il(s) ont voyagé toute*

---
³ Ver J. THOMAS, *Le Parler Ngbaka*, p. 209.

la nuit faz lembrar os hábitos linguísticos de regiões rurais (como a Champagne).

7. Sintaxe (ou combinação das unidades significativas)

Definimos a sintaxe como o mecanismo da combinação dos signos para a constituição dos enunciados [4]. Uma tal definição baseia-se na recusa de uma concepção da sintaxe como um repertório de enunciados: o manuseamento e a aquisição das línguas seriam, em tal caso, impossíveis ou dependentes de um milagre. Estudar o mecanismo sintáctico implica determinar quais as unidades constitutivas dos complexos de signos e quais as regras combinatórias. Além disso, sabe-se que as unidades significativas de uma língua são inúmeras e que partilham algumas das suas latitudes e restrições combinatórias, as chamadas regras sintácticas; é consequentemente mais económico agrupar as unidades em conjuntos a que seriam atribuídas propriedades sintácticas do que tratar as unidades uma a uma. São, pois, indispensáveis dois conceitos a todo o estudo sintáctico: o de elementos e o de classes.

O termo «combinação» pode prestar-se aqui a confusões. Com efeito, este termo foi, por vezes, empregue para designar toda a colocação das unidades numa sequência. Mas, para nós, combinação é não a simples coexistência de unidades significativas, mas uma coexistência de que resulte uma ligação significativa entre os signos. Portanto, nesta acepção, a sintaxe considera a sequência *fille bien*, na medida em que os seus elementos constitutivos mantêm uma relação significativa entre si; *fille bien* é, pois, uma combinação sintáctica em *c'est une fille bien* e não em *c'est une fille bien trop intelligente pour ce poste*. Nesta última frase, *bien* está ligado a *trop* e não a *fille*.

As regras que regem o conjunto dos signos linguísticos emanam da sintaxe na medida em que têm um alcance semântico. Preferimos o conceito de *relações sintácticas;* elas concretizam a aplicação das regras

---

[4] Para os princípios e métodos de uma sintaxe funcional, poderá consultar-se A. MARTINET, *Studies in Functional Syntax* (para além do capítulo IV dos seus *Éléments*). Ver, também, MAHMOUDIAN, *Les Modalités*, D. FRANÇOIS, *Le Français parlé*, MAHMOUDIAN e outros, *Pour enseigner le français*, MARTINET e outros, *Grammaire fonctionnelle*, que são aplicações do método funcional no domínio do francês.

e ligam os monemas entre si. Por entre estas relações, algumas são assimiláveis às unidades significativas, uma vez que têm um significado revelado por um significante. Assim, a relação entre *vient* e *école*, que é estabelecida por intermédio de *à* em *il vient à l'école*, por intermédio de *de* em *il vient de l'école;* à e *de* não só asseguram a relação entre *vient* e *école* mas, ao serem dotados de uma expressão (fónica ou gráfica) e de um conteúdo semântico, constituem monemas. E as suas propriedades combinatórias, como as de qualquer monema, entram em linha de conta com a identificação e com a classificação das unidades significativas.

Outras relações há que são de natureza implicacional e que servem, unicamente, critérios para a identificação e para a classificação das unidades. Assim, um monema como o inglês *-ed* («pretérito») mantém, sem dúvida, uma relação com o monema verbal *interest* em *you interested this child* «você interessou a esta criança». A melhor forma de descrever esta relação é evocar a necessidade que se encontra em o monema *-ed* ser acompanhado por um monema verbal sem o qual ele não poderia aparecer numa frase, *you-ed this child* «você-ou esta criança» não seria uma frase possível em inglês. Em compensação, o monema verbal pode figurar numa frase sem estar acompanhado de *-ed: you interest this child* «você interessa a esta criança». A relação entre o monema pretérito e o monema verbal é uma implicação unilateral pretérito ⇌ verbo: o pretérito implica o verbo, mas não é implicado por ele. Não tendo simultaneamente uma expressão e um conteúdo, este tipo de relação não pode ser assimilado pelos monemas mas serve para definir a classe dos monemas que o contraem.

Os factos sintácticos podem, pois, ser considerados sob dois aspectos: elementos e classes. No que respeita aos elementos podem distinguir-se dois tipos: por um lado, as unidades (que pela sua combinação constituem os enunciados), e, por outro, as sequências (que servem de quadros para a combinação das unidades).

8. A razão de ser da sintaxe

A definição de uma língua não leva em linha de conta a organização sintáctica como uma condição necessária. Pode concluir-se disto que existem línguas sem sintaxe? Tal não parece possível, mesmo que nos mantenhamos estritamente limitados à definição de uma língua. Torna-se necessário precisar que uma língua sem sintaxe seria aquela em que todas as combinações de monemas seriam possíveis, ou seja, uma língua sem restrições combinatórias.

A prova dedutiva da existência de restrições na combinação dos monemas não preocupou muito os linguistas. Assim, Bloomfield (ver *Postulats*) limitou-se a postulá-la. Mesmo aqueles que elogiavam o método dedutivo, como Hjelmslev, partiram do princípio de que as relações sintagmáticas e paradigmáticas das unidades são variáveis, e apresentam-nas como critérios de classificação (ver Hjelmslev, *Prolégomènes*, pp. 190-191 e *passim.*). Não queremos aqui abordar esta discussão, pois ela ultrapassa o quadro da presente obra. No entanto, parece excluída a hipótese da existência de uma sintaxe sem restrições combinatórias; e isto porque, tal como vimos no parágrafo anterior, as classes são, por um lado, indispensáveis ao funcionamento da sintaxe e, por outro, a única possibilidade — tanto para o linguista como para o utente — de distinguir as classes é ter em conta as suas latitudes combinatórias.

Em contrapartida, não faltam argumentos empíricos. Primeiro, os enunciados de uma língua são sequências de monemas e não monemas únicos; isto é suposto pela primeira articulação. Existem, sem dúvida, enunciados com um só monema; mas, tirando esta situação, eles são pouco frequentes e é de toda a conveniência considerá-los como conjuntos que só têm um elemento. Depois, o enunciado não é uma reunião livre de monemas. A observação mostra-nos que nem toda a sequência de monemas constitui um enunciado os monemas que o compõem consiste em tem-se a restrições, as chamadas regras sintácticas.

9. Como separar as unidades significativas?

O processo através do qual se podem separar do enunciado os monemas que o compõem, consiste em fazer variar um segmento, e um só, no enunciado e em determinar as escolhas significativas que neste ponto são possíveis. Tomemos um enunciado como:
/zilplãtrèdezamãdié/ *Gilles planterait des amandiers* [5].

---

[5] Gilles plantaria amendoeiras. *(N. da T.)*

Este enunciado pode ser separado em quatro segmentos *(Gilles, planterait, des* e *amandiers),* seguindo os brancos gráficos; esta separação deve ser submetida a uma prova. O processo de separação dos enunciados em unidades significativas deve determinar dois limites: um limite superior (entre sequência de signos e unidade significativa mínima) e um limite inferior (entre signos e unidades fónicas não dotadas de sentido). Este último é necessário porque as unidades fonológicas têm um poder distintivo e podem — pela sua variação — provocar mudanças no significado. O outro limite — superior — tem a sua razão de ser na medida em que a análise deve conduzir a unidades mínimas e não a sequências de unidades (como sintagmas, proposições, etc.).

Os segmentos /plãtrè/ *planterait* e /amãdié/ *amandier(s)* respeitam o limite inferior: são susceptíveis de aparecer noutros contextos e de neles terem o mesmo significado. Exemplo: *Paul ne planterait jamais un arbre; je planterais le piquet dans ce trou; tu as traité ton amandier; les amandiers ont gelé l'année dernière;* etc. São, pois, elementos significativos. Serão, igualmente, mínimos? Para responder a isto, deve verificar-se que nenhuma parte destes segmentos pode figurar noutros contextos com um significado constante. Mas verifica-se que /plãt/ *plant(e)* e /ré/ *-rait(s)* de /plãtré/ *planterait(s)* o podem fazer, da mesma forma que /amãd/ *amand(e)* e /ié/ *ier(s)* de /amãdié/ *amandier(s): Gilles ne plante pas de fleur; Vincent aimerait un jardin; ces amandes sont amères; les citronniers sont fragiles.*

O limite inferior é transposto quando uma separação livre dos segmentos nem sempre tem o mesmo significado; assim é a separação de /amãd/ em /am/ e /ãd/, porque, deste modo, chegamos a sequências existentes; mas, isoladas, elas não têm o mesmo significado que em /amãd/ *amand(e).* O significado de *amande* não pode ser considerado como a conbinação de /am/ *âme* e do de /ãd/ *Andes,* tal como aparecem em *lui, c'est une bonne âme* e *elle connaît la cordillère des Andes,* por exemplo.

Este processo aproxima-se da prova de comutação existente em fonologia; ambas visam identificar os elementos mínimos de uma sequência e verificam se os elementos são, por um lado, isoláveis e, por outro, se aparecem noutro contexto com o mesmo estatuto. A diferença entre estes dois processos reside em que a identidade do estatuto é avaliada pelo poder distintivo, no que respeita aos fonemas, mas pela capacidade significativa, no que respeita aos monemas.

10. Monemas e sequências de monemas (ou constituintes polimonemáticos)

Acabámos de ver que as unidades mínimas significativas não se confundem com a palavra; uma palavra como *planterait* ou *amandier* poderia conter duas ou mais unidades. Coloca-se, então, uma questão: será que se pode descrever o funcionamento sintáctico em termos de monemas e das suas relações? O recurso a segmentos maiores do que os monemas não seria necessário se todas as relações sintácticas se estabelecessem entre os monemas.

Há enunciados, onde este é o caso, como por exemplo em *Gilles planterait un arbre*[6]. Pode dizer-se que o monema *Gilles* se refere ao monema *plant(e)*, de que é sujeito; do mesmo modo, *arbre* refere-se a *plant(e)* e é objecto deste último; o monema /rè/ -*rait* liga-se a *plante* e indica o carácter hipotético da acção; por fim, *un* liga-se a *arbre* e caracteriza-o como «indefinido».

Outros há em que assim não é, como, por exemplo, *amandier* em *Gilles planterait des amandiers*. Não é nem *amand(e)* nem -*ier*, que é neste caso o termo de relação com *plant(e)*, mas sim a sequência *amandier*. Por outras palavras, a relação «acontecimento» — «paciente» estabelece-se entre o verbo e o derivado.

Nem todas as sequências que podem contrair uma relação no enunciado são assimiladas na palavra. Em *qu'il boive ne me dérange pas*[7], o sujeito de *dérange* é o sintagma *qu'il boive* no seu todo e não um dos seus constituintes: *que*, *il* ou *boive*.

Deste modo, surge que o quadro geral do estudo sintáctico deve prever casos em que os termos de uma relação sintáctica não sejam monemas (nem redutíveis aos monemas). A estes segmentos deve ser reservado um lugar no estudo dos mecanismos de combinação assim como aos monemas.

11. Relações sintácticas

Um enunciado não é a soma dos seus constituintes. Da reunião dos mesmos monemas podemos

---
[6] Gilles plantaria uma árvore. *(N. da T.)*
[7] o facto de ele beber não me incomoda. *(N. da T.)*

fazer enunciados diferentes. Por exemplo, *le loup suit l'agneau* e *l'agneau suit le loup* [8] comportam os mesmos monemas; mas não são enunciados equivalentes. Existem, sem dúvida, enunciados que pareceriam mais não serem do que a soma dos seus constituintes. Assim, *Luc repart demain* e *demain Luc repart* [9] são sintacticamente equivalentes. Mas enunciados como estes são excepções; os constituintes deste enunciado nem sempre se comportam da mesma maneira: *Luc* não é sempre agente (por exemplo: *Je vois Luc* [10]) e *demain* pode ter outras funções no enunciado (por exemplo: *demain résoudra nos problèmes* [11]).

Podem juntar-se argumentos dedutivos a estas observações empíricas. Para que todo o enunciado equivalha à soma dos seus monemas é preciso que todo o monema se encontre, em todos os casos, na mesma relação com o resto do enunciado. Ou seja, que se deveria utilizar *Luc* para designar um pessoa como agente e unicamente como tal. Seria necessário um outro segmento — que tal como *Luc* não se pudesse analisar em signos mais pequenos — para designar a mesma pessoa como beneficiário, um outro como paciente, etc. Vê-se, intuitivamente, que uma tal organização iria ao encontro da economia. Ou, então, seria preciso que as relações entre as unidades significativas fossem determinadas pelo seu conteúdo semântico. Neste caso, as unidades que indicam o tempo, por exemplo, indicariam o quadro temporal em que se desenrola um acontecimento em todas as suas ocorrências. Numa língua assim, não se poderia produzir um monema que devolvesse à dimensão temporal um paciente (como em *tuer le temps* ou *mesurer le temps*), ou um agente (como *le temps presse* ou *les lendemains qui chantent*), etc. E isto é contrário à omnipotência semiótica da linguagem. Segue-se que os enunciados de uma língua comportam, por entre os seus elementos constitutivos — para além dos monemas —, elementos que asseguram as relações de significado entre os monemas.

---

[8] o lobo segue o cordeiro e o cordeiro segue o lobo. *(N. da T.)*
[9] Luc volta a partir amanhã e amanhã Luc volta a partir. *(N. da T.)*
[10] Eu vejo o Luc. *(N. da T.)*
[11] O amanhã resolverá os nossos problemas. *(N. da T.)*

12. Relações de implicação lógica

As unidades significativas podem ser examinadas sob o ponto de vista das suas relações de implicação lógica, que são: pressuposição unilateral, pressuposição recíproca e ausência de pressuposição. Por exemplo, o monema *-erait* «condicional» não pode figurar num enunciado sem verbo; enquanto o verbo pode aparecer num enunciado sem o «condicional». Num enunciado como *mon neveu planterait ses amandiers* [12] pode suprimir-se o «condicional» e obter-se uma outra frase: *mon neveu plante ses amandiers* [13]. Em contrapartida, se o verbo fosse suprimido, obter-se-ia *mon neveu erait ses amandiers*, que não é, de forma alguma, uma frase. Há entre «condicional» e verbo uma pressuposição unilateral, assim esquematizada:

verbo ⇌ «condicional».

A relação entre um advérbio como *bien* e o objecto *(Paul)* em *tu verras bien Paul* é a ausência de pressuposição, que pode ser representada pelo seguinte esquema:

advérbio ⇌ objecto.

Com efeito, o advérbio pode figurar neste enunciado sem ser acompanhado do objecto (é o caso de: *tu verras bien*), do mesmo modo que o objecto pode figurar sem ser acompanhado pelo advérbio (é o caso de: *tu verras Paul*). Por fim, a relação entre sujeito *(tu)* e verbo («voir»), neste último exemplo, ilustra bem a pressuposição recíproca, uma vez que nenhum deles pode ser suprimido sem causar danos à estrutura da frase; *tu bien Paul* não é uma frase, assim como também não o é *verras bien Paul*.

As relações de implicação são interessantes por várias razões e entram na definição dos monemas, das funções e das classes de unidades significativas. Mas elas não bastam por si só para identificar os elementos. Por exemplo, num sintagma nominal em latim, caso (= função) e número (= determinante) pressupõem-se mutuamente. Mas isso não constitui uma definição nem para um nem para o outro.

---

[12] O meu sobrinho plantaria as suas amendoeiras. *(N. da T.)*
[13] O meu sobrinho planta as suas amendoeiras. *(N. da T.)*

Seguem-se, a título de ilustração, algumas das aplicações das relações lógicas em sintaxe:

Se numa sequência *ab* um dos elementos *(a)* implica o outro *(b)*, mas não vice-versa (portanto, $a \rightleftarrows b$), a esta relação chama-se subordinação, ao elemento que a implica, «subordinado», e ao elemento implicado, «nó». Exemplos em francês: objecto$\rightleftarrows$verbo ou imperfeito$\rightleftarrows$verbo.

Quando numa sequência *ab* nenhum dos elementos implica o outro (portanto $a \rightleftarrows b$), chama-se a esta relação coordenação. Por exemplo: *des enfants, des chats, des chiens couraient dans tous les sens* [14].

Se num enunciado, por exemplo *abcd*, um elemento *(a)* é pressuposto por todos os outros *(b, c, d)*, mas não pressupõe nenhum (portanto, $a \rightleftarrows b, c, d$), ao elemento pressuposto chama-se «nó predicativo». Por exemplo: *laisse-les vite entrer* [15], onde o nó predicativo é o verbo *laisse*.

Se o nó predicativo é um sintagma, *ab*, onde um dos elementos *(a)* implica *(b)*, mas não vice-versa (portanto, $a \rightleftarrows b$), então ao elemento implicado chama-se *predicado*, ao elemento que implica, *actualizador*. Em *je les laisse vite entrer* [16], o verbo *laisse* é predicado e o sujeito *je* actualizador.

13. Variedade das relações sintácticas

As relações sintácticas não são todas da mesma natureza e podem ser subdivididas em tipos distintos.

Para o fazer, convém salientar que toda a combinação põe em jogo, pelo menos, três elementos, a saber uma relação e dois termos de relação, que se podem representar por $a \rightarrow b$. As latitudes combinatórias de um elemento *a* serão descritas de forma adequada quando tivermos determinado *b* (ou seja, o conjunto de elementos com os quais ele se pode combinar) e $\rightarrow$, ou seja, as relações que pode manter com *b*. Por motivos de simplicidade, limitar-nos-emos a examinar um só tipo de relações: a subordinação.

As relações podem ser variáveis ou não. Encontramos exemplos nos enunciados seguintes: *appelle Sylvain, Benoît travaille bien, Christine réussira* [17], onde os monemas *Sylvain, bien* e /ra/ «futuro» são subor-

---

[14] crianças, gatos, cães corriam em todos os sentidos. *(N. da T.)*
[15] deixa-os entrar depressa. *(N. da T.)*
[16] eu deixo-os entrar depressa. *(N. da T.)*
[17] Chama o Silvino; O Benoît trabalha bem; A Cristina conseguirá. *(N. da T.)*

dinados. O primeiro, *Sylvain*, pode ter com o seu nó, *appelle*, diferentes tipos de relações: é objecto no enunciado acima referido; pode também ser o sujeito, como em *Sylvain appelle*. Em compensação, *bien* — subordinado ao verbo *travaille* — só pode manter uma relação com o seu nó. Assim como a relação do monema /ra/ «futuro» com o seu nó é única.

Além disso, um subordinado pode ter como nó uma só classe de monemas ou várias classes. Por exemplo: o «futuro» só pode ser subordinado ao verbo; as suas possibilidades nucleares estão limitadas a uma só classe. Os nomes — como *Luc* — e os advérbios — como *bien* — têm como nós potenciais monemas de várias classes. O nó de *bien* pode ser um verbo, mas também pode ser um adjectivo *(c'est une solution bien classique)* ou um advérbio *(bien souvent, les succés sont mérités)*. Para um nome — *Luc* — encontram-se nós nominais *(je connais la tante de Luc)* e nós adjectivais *(Marie est très contente de Luc)*. Nome e advérbio assemelham-se, pois, na medida em que eles são ambos susceptíveis de ter várias classes de monemas como nó; distinguem-se pelo facto de — com um dado nó — o nome poder contrair vários tipos de relações, enquanto o advérbio contrai um só.

A terminologia acima empregue poderia fazer pensar que se trata de factos específicos da sintaxe francesa; mas assim não é. Pode demonstrar-se que o nosso método é perfeitamente dedutivo e que as definições são independentes de uma dada língua. Consideremos as definições seguintes:

— modalidades: monemas unirrelacionais e uninucleares (exemplos: tempo, modo, aspecto, em francês, ou ainda, artigos, adjectivos possessivos, etc., em francês);
— autónomas: monemas plurinucleares e unirrelacionais (exemplos: advérbios em francês);
— dependentes: monemas plurinucleares e plurirrelacionais (exemplo: nome e pronome em francês).

Estas definições são gerais (e não coactivas em função da sua forma condicional: se *a* então *b*). Não postulam a existência das modalidades, por exemplo, em todas as línguas; mas implicam que, se numa língua os monemas são uninucleares e unirrelacionais, temos uma classe de modalidades.

14. Função vs monema

Nas frases *Michèle travaille avec son mari; Michèle travaille pour son mari; Michèle travaille contre son mari*[18], as relações do monema *mari* com o seu nó *travaille* são expressas por *avec, pour* e *contre*, respectivamente. As relações significadas encontram aqui para cada expressão uma sequência de unidades fonológicas e correspondem, por consequência, muito exactamente, à definição do monema. Elas podem ser, pois, assimiladas, de pleno direito, pelas unidades significativas. (No entanto, para evitar a confusão entre estes dois tipos de unidades significativas, as funções serão expressamente nomeadas na sequência, ficando o termo «monema» reservado para outras unidades que não as funções.)

A relação entre o monema «futuro» e o verbo tem um outro estatuto. Neste caso, a relação semântica não se dissocia do monema. O «futuro» não pode ser definido simplesmente como o monema, que reenvia para uma determinada parte do tempo; porque, para situar um acontecimento no futuro, dispõe-se de outros meios. Por exemplo, no enunciado que se segue um acontecimento é situado no futuro: *le débat est reporté à la prochaine réunion du parlement*[19]. A definição da modalidade «futuro» deve indicar também que se trata de um determinante do verbo, portanto, de uma parte do tempo, como o quadro temporal de um acontecimento. Quer isto dizer que o determinante verbal «futuro» comporta, em si próprio, as suas relações com o nó. De igual modo, o monema *souvent* tem a relação incluída no seu significado.

Ninguém duvida que uma descrição sintáctica deve contar com o (ou os) nó(s), que pode(m) ter monemas como «futuro», *souvent, bien*, etc. São estas as regras que desempenham o seu papel na comunicação linguística. Porém, estas regras entram na própria definição das modalidades verbais e das autónomas e precisam alguns aspectos das suas latitudes combinatórias. Foi isto que nos levou — ver pág. 98 — a não dedicar uma rubrica especial às regras, porque elas ou entram na caracterização dos elementos ou são tratadas como os elementos significativos.

---

[18] A Miquelina trabalha com o seu marido; a Miquelina trabalha para o seu marido; a Miquelina trabalha contra o seu marido. *(N. da T.)*
[19] o debate é transferido para a próxima reunião do parlamento. *(N. da T.)*

15. O quadro da análise

Os conceitos sintácticos que separámos supõem um quadro no qual é examinado o mecanismo da combinação dos monemas. Tradicionalmente, a frase é considerada como o quadro adequado a este fim. Mas o conceito de frase está ora mal definido ora definido em termos da estrutura das línguas indo-europeias.

A frase é, frequentemente, definida como um segmente do discurso que tem um sentido completo. O todo semântico é difícil de apreciar; e, quando não o é, não serve como critério de distinção entre frase e não--frase. Consideremos os seguintes enunciados: *en ce moment, manifestation des étudiants à la Sorbonne* e *en ce moment, les étudiants manifestent à la Sorbonne*[20]. Sob o ponto de vista do seu sentido, um é tão completo (ou incompleto) como o outro. No entanto, o segundo é considerado como frase, mas o primeiro não. Isto mostra que os critérios puramente semânticos são inoperantes para caracterizar a frase.

Convém fazer duas observações: primeira, o produto semântico de um enunciado depende largamente da situação (extralinguística) ou do contexto (linguístico) da sua emissão. Por exemplo, entre dois enunciados que tenham a mesma estrutura, um pode trazer mais informação do que o outro. Compare-se *Hinault abandonne* e *Paul abandonne*[21]. Pode também acontecer que, graças à situação, um enunciado sintacticamente incompleto seja mais rico semânticamente do que um enunciado completo. Compare-se: *ce soir France-Irlande* e *Paul abandonne*[22]. Segunda, a definição da frase deve ser colocada não no plano semântico, mas no da sintaxe, ou seja, tendo em conta o significante e o significado.

Uma outra definição, também ela corrente, concebe a frase como um enunciado que tem um verbo e um sujeito. Este critério — de natureza sintáctica — poderia servir para distinguir os enunciados acima referidos, mas comporta um inconveniente muito grande: os conceitos «sujeito» e «verbo» provêm do exame das línguas indo-europeias; e nada nos prova, que existam em todas as línguas. Ora, os conceitos sintácticos devem ser gerais e aplicar-se a todas as línguas.

---

[20] Neste momento, manifestação dos estudantes na Sorbonne e neste momento, os estudantes manifestam-se na Sorbonne. *(N. da T.)*
[21] Hinault abandona e Paulo abandona. *(N. da T.)*
[22] esta noite França-Irlanda e Paulo abandona. *(N. da T.)*

(De salientar que a definição que demos do conceito «sujeito» não implica a sua presença em todas as línguas.)

A condição que um enunciado deve satisfazer para ser frase é a sua perfeição sintáctica, na medida em que todas as relações entre os monemas constitutivos devem ser marcadas no enunciado e não precisadas por recurso à situação ou ao contexto. Na prática, isto equivale a definir a frase como um enunciado organizado à volta de um nó predicativo. No caso do francês, este nó predicativo seria a maior das vezes um sintagma sujeito + verbo. Mas conhecem-se outras línguas — por exemplo, algumas línguas ameríndias [23] —, que não têm classe de monemas correspondente aos nossos verbos. Por outro lado, são inúmeras as línguas onde existem frases sem verbo, tal como o latim ou o árabe, isto para só citar duas línguas muito conhecidas. Mesmo em francês, temos frases sem verbo: *voilà des livres; que d'eau!; mignonne, cette robe;* etc., que são enunciados completos fora da situação e do contexto. No entanto, em francês, predominam, largamente, as frases com predicado verbal.

A existência do nó predicativo foi apresentada como uma observação empírica. Também se pode demonstrar que ela provém da definição do objecto da linguística. O facto de os enunciados serem combinações de monemas é uma consequência da primeira articulação. A existência de relações combinatórias não está, pois, em causa, mas sim a de uma hierarquia na combinação. Parece que uma sintaxe sem hierarquia resultaria numa sintaxe sem classe; o que iria ao encontro do princípio de economia.

Falta salientar que a análise efectuada no quadro da frase não esgota todos os factos sintácticos, mesmo que a eles dedique uma parte muito importante. A extensão do quadro da análise a sequências mais vastas faz surgir fenómenos pertinentes em sintaxe. Mais concretamente falando, a limitação do estudo sintáctico ao quadro da frase é uma aproximação; tacticamente necessária numa fase do desenvolvimento do nosso conhecimento, ela pode e deve ser ultrapassada.

16. Classes sintácticas

Os conceitos acima expostos — págs. 99 a 108 — permitem efectuar algumas operações da descrição

---

[23] Tal como o kalispel, ver Hans VOGT.

sintáctica: segmentação dos enunciados em monemas; estudo das relações de implicação entre os constituintes do enunciado; identificação das funções e outras relações sintácticas. Foram examinados conjuntos de monemas do ponto de vista de algumas propriedades sintácticas; mas o problema da classificação, propriamente dita, não foi abordado.

As classes sintácticas — baseadas em critérios combinatórios — apresentam as condições de emprego das unidades significativas e as suas relações com os outros termos do enunciado. As regras sintácticas são, assim, tidas em conta na classificação.

Por exemplo, a análise sintáctica do francês evidencia, entre outras, as seguintes classes:

— o verbo: caracterizado pela sua função predicativa e susceptível do ter como subordinados «sujeito», «objecto», etc., e modalidades de «tempo», «modo», etc.;
— o nome: susceptível de assumir as funções de «sujeito», «objecto», etc. e que pode ter em subordinação «epíteto», «aposição», etc. e as modalidades de «definido», «demonstrativo», «possessivo», etc.;
— o advérbio: caracterizado como unirrelacional, susceptível de ter por nó «verbo», «adjectivo», «frase», etc., e por ser subordinado dos advérbios, etc.;
— etc.

Além disso, a análise põe a descoberto funções:

— de predicado: podendo ser assumida pelas classes verbal, nominal, etc.;
— de sujeito: que pode ser assumida por «substantivo», «pronome», «proposição», etc.;
— de atributo: podendo ser assumida por «adjectivo», «substantivo», etc.

Em alguns casos — por exemplo, nas modalidades — monemas e funções são indissociáveis; basta, então, precisar os monemas a que podem estar subordinados. Assim, as modalidades «futuro» e «condicional» são caracterizadas como verbais; *le, mon, chaque* como modalidades nominais.

As latitudes combinatórias variam conforme os contextos, permitindo o alargamento do enunciado-quadro apanhar as restrições que elas sofrem nesta

ou naquela condição: *venir* combina-se com «futuro» *(il viendra)*, mas não se poderá empregar o sintagma *viendra* na sequência de *je voudrais qu'il*...
Uma vez estabelecidas com base nas propriedades sintácticas dos elementos, as classes podem ser divididas em gramaticais e lexicais. São gramaticais as classes que comportam um número limitado de membros, tendo cada um uma alta frequência no discurso. As classes lexicais são caracterizadas pelo número elevado dos seus membros e pela baixa frequência destes últimos.
Para evitar o peso da terminologia, designámos acima as classes e as funções por termos usuais. No entanto, é preciso não esquecer que a sua definição assenta em características combinatórias: o verbo francês não é definido como uma unidade que designa um acontecimento, mas pelo conjunto das suas latitudes combinatórias. No plano linguístico geral, o verbo pode ser definido como uma classe de monemas especializados na função de predicativo.

17. Problemas em suspenso

Tal como acontece em todas as disciplinas em vias de desenvolvimento, também aqui ficaram em aberto uma série de questões. Vamos, mais adiante, abordar algumas delas.
A multiplicidade das soluções descritivas é conhecida desde há muito, mas nem todas as conclusões teóricas foram daí tiradas. Tomemos como exemplo, em francês, o caso dos monemas chamados «possessivos», que são tradicionalmente divididos em duas classes: por um lado, *mon, ma, mes, ton, ta, tes*, etc., os chamados «adjectivos possessivos», e, por outro, *mien, tien*, etc., os chamados «pronomes possessivos». Segundo as definições que demos, os primeiros correspondem às modalidades, os segundos aos dependentes; ver pág. 105. Esta distinção assenta na ideia de que os dois paradigmas são diferentes do ponto de vista do seu significante e das suas propriedades combinatórias; e de que estas diferenças são suficientes para deles fazerem duas classes distintas. As semelhanças do significante são consideradas como não pertinentes, quer sejam parciais, como em *ton/tien* ou *notre/ /nôtre*, quer sejam totais como em *leur (livre)/(le) leur;* há ainda casos em que podem ser assimiladas ao sincretismo.

É possível proceder a uma outra descrição dos mesmos factos: o conjunto dos monemas pessoais — *mon, ma, mes, mien(s), miennes(s)*, etc. — está arrumado numa classe única. As diferenças dos significantes, sujeitos a um condicionamento contextual, emanam da morfologia. Qualquer membro desta classe de monemas pode estar subordinado quer a um nome quer a um verbo. Por exemplo, o monema «possessivo, 2.º sing.», quando subordinado a um nome, terá a forma *ton (Minou joue avec ton livre);* terá a forma *tien*, quando ligado a um verbo: *Minou joue avec le tien*. Esta solução, pouco usual, não está em contradição com nenhum dos princípios. A definição das modalidades não exclui, de forma alguma, a possibilidade de uma classe de monemas que podem estar subordinados, ao mesmo tempo, ao nome e ao verbo. Disto se conhecem casos na classe nominal em francês; ver pág. 103.

Uma terceira solução seria a de agrupar numa só classe pronomes pessoais, adjectivos possessivos e pronomes possessivos. Assim, *je, me, moi, mon, ma, mes, mien(s), mienne(s)* seriam as variantes morfológicas do monema «1. sing.».

A quarta solução consistiria em agrupar o conjunto *je, me, moi, mien(s), mienne(s)*, formando uma classe de monemas dependentes, distinta da classe das modalidades *mon, ma, mes*, etc.

Que tenhamos conhecimento, não foi proposta nenhuma solução satisfatória para casos deste tipo. Estas observações conduzem à colocação dos problemas de fundo que examinaremos sob um ângulo intrínseco.

Os princípios que presidem à descrição morfológica e sintáctica, se fossem melhor explicitados, permitiriam decidir se se lida com variantes de um monema ou com dois monemas distintos. Esta explicitação deve ser levada até à colocação dos limites para além dos quais as variantes se tornam unidades distintas (como é o caso das parelhas *hôtel/hôpital, frêle/fragile, entier/intègre, raison/ration*). Esta tarefa apresenta algumas dificuldades. À partida, há os problemas «técnicos» para medir as variações morfológicas e reduzir a um denominador comum as diferentes classes de monemas da mesma língua, ou classes análogas de diversas línguas. Há também, e sobretudo, um problema teórico para a determinação deste limite sem arbitrariedade. A observação das línguas conhecidas mostra que as latitudes são grandes: desvios enormes separam, por um lado, o latim, o árabe e o russo, que apresentam variações morfológicas consideráveis, e, por outro, as línguas do Extremo Oriente, cujas variações morfológicas são muito limitadas. Poderiam procurar-se soluções para ambos os problemas; mas elas permanecerão como hipóteses enquanto não forem confrontadas — directa ou indirectamente — com os dados empíricos.

Colocam-se os mesmos problemas no plano do significado, porque, apesar das afinidades semânticas, *je, me, moi, mon, mien* apresentam diferenças de sentido que não podem ser descuradas. Não é fácil saber se um sentido X e um sentido Y são duas variantes do mesmo significado ou não. Isso é bem mais fácil em fonologia, porque os factores fónicos que podem conduzir a um deslize da realização de um fonema, são pouco numerosos e directamente observáveis. As variações semânticas são mais difíceis de abordar, porque não são directamente observáveis e são muito numerosas (porque estão estreitamente ligadas aos diversos aspectos da experiência extra-linguística).

No plano dos signos, o problema de fundo poderia ser formulado da seguinte maneira: a sintaxe estuda a combinação dos signos linguísticos; desde que significante e significado vão a par um do outro, tudo está bem. Mas, quando há deslocações no espaço ou no tempo, devida às variações morfológicas e semânticas, entre significante e significado, surgem complicações. No caso das variações ínfimas, pode encontrar-se meios — ainda que empíricos — para identificar as unidades significativas. Quando os desvios são grandes, podem oferecer-se várias soluções e a indecisão é mais incomodativa.

A classificação dos monemas coloca problemas novos: que traços combinatórios escolher como critério de classificação? E que fazer em caso de conflito entre os critérios combinatórios e os outros critérios? Por entre as soluções propostas no caso dos monemas de «pessoas», a primeira concede mais peso aos critérios combinatórios, enquanto, na segunda, o acento é colocado nas ligações semânticas entre os monemas.

É, sem dúvida, possível propor soluções bem distintas. Por exemplo, pode conceder-se a preeminência ao significante sobre o significado, o que era muito corrente na linguística americana por volta dos anos 40-50. Também se pode sugerir que os critérios combinatórios primam os outros, tal como o fazia a escola de Copenhague por volta da mesma época. Ou ainda, pode argumentar-se que, sendo complexa a organização sintáctica, ambos os critérios podem valer conforme os casos. Todas estas proposições estão sujeitas a cautelas, na medida em que não foram submetidas a verificações experimentais, pela elaboração de modelos. Neste domínio, uma confrontação directa hipótese/dados é possível em alguns casos; o mais frequente é que a verificação seja indirecta.

Todos os linguistas conhecem a multiplicidade de soluções descritivas [24], mas nem todos reagem a ela da mesma maneira. Uns, verificam-na e acomodam-se a ela; outros, procuram encontrar argumentos — frequentemente *ad hoc* — para adiar a solução, que lhes parece preferível. Mais judicioso ainda, parece ser interrogarem-se sobre o significado das soluções múltiplas. Das duas uma: ou bem que não sabemos qual das soluções é a boa e a questão permanece, então, aberta; ou bem que pensamos que há, efectivamente, dois processos de emissão e de percepção na comunicação linguística e convém, então, procurar saber em que condições ambos se realizam e, ainda, se são factores geográficos, sociais, situacionais, psíquicos ou outros, que determinam a escolha de um dos dois.

Esta discussão é ilustrada por um só exemplo. Muitos outros casos poderiam ser evocados no levantamento de problemas análogos. Eis alguns exemplos:

A identificação do predicado nos enunciados do tipo *Paul est malade* não é fácil. Parecem possíveis três soluções: 1) *malade* é predicado e *être* marca de predicado; 2) *être* é predicado e *malade* a sua expansão; 3) a sequência *est malade* no seu todo é predicado e não um dos seus constituintes.

A distinção entre sequências e unidades debate-se também com dificuldades. Se a separação de *très grand arbre* não coloca problemas, podemos interrogar-nos sobre a segmentação de *aubépine* e *arbuste*. Será que estas sequências comportam um ou dois monemas? Além disso, há dificuldade em traçar a linha que separa, por um lado, os sintagmas e, por outro, os sintemas (quer compostos, quer derivados). Quais são as propriedades que permitem distinguir entre *chercheur* e *chercher* ou entre *il sautille* e *il sautait?* O que é preocupante, é que eles não podem ser assimilados no mesmo tipo de combinação e, ao mesmo tempo, não se chega a pôr em evidência — sem equí-

---

[24] Yuen-Ren CHAO parece ter sido o primeiro a enunciá-lo, em 1934, no seu artigo *The Non-Uniqueness of Phonemic Solutions*.

voco nem aproximação — os seus traços diferenciadores.

Uma outra questão pertinente diz respeito à identidade das unidades significativas mínimas e pode ser formulada do modo que se segue. Pela mesma razão que em *mal* ou *tête*, reconhecem-se como unidades significativas o «imperfeito» /i/ (em *nous marchions*) ou o «futuro» /r/ (em *nous marcherons*). Ora, /i/ e /r/ são dotados de função significativa, mas, ao contrário do que sucede com *mal* e *tête*, não têm a possibilidade de figurar num enunciado independentemente do seu nó. Tudo isto relembra a diferença entre o fonema e o traço pertinente: ambos são dotados de função distintiva, mas só os fonemas são isoláveis, devendo todo o traço pertinente ser, necessariamente, acompanhado dos outros traços que compõem o fonema. A questão está em saber se não é preciso incluir na definição da unidade significativa mínima o carácter isolável. A consequência disto seria que estaríamos em posição de distinguir entre unidade significativa (como *tête* e *donnions*) e traço significativo (como «imperfeito» /i/), como se faz para unidade distintiva (fonema) e traço distintivo (ou traço pertinente).

Todas as soluções propostas não passam de hipóteses que esperam uma confrontação com os dados. Aqui, como em muitos outros casos, a observação directa dos dados não é possível. Por que técnica se pode observar a existência das classes de monemas, ou verificar se a classificação se faz desta ou daquela maneira? Está-se reduzido ao recurso a processos indirectos.

Nem tudo está resolvido em linguística, é uma verdade. Mas a existência de tais problemas não é o signo do eco da linguística. Uma ciência desenvolve-se, ao colocar problemas cada vez mais precisos e ao conceber soluções verificáveis.

18. Outras teorias sintácticas

A anterior exposição sintáctica foi concebida numa óptica funcionalista e assenta nos princípios propostos por André Martinet e nos seus desenvolvimentos. As teorias sintácticas são demasiado numerosas, para que delas se faça uma exposição — não passaria de um relance, nesta obra introdutória. Preferimos apresentar uma discussão sobre alguns dos temas mais fundamentais, que caracterizam, ora uma, ora outra das correntes de pensamento em linguística; o quadro teó-

rico só é delineado para situar o tema e para precisar o que se pode ganhar ou perder com o debate.
Abordaremos, sucessivamente, os seguintes problemas: o papel do significado na estrutura sintáctica; o lugar da substância na sintaxe; sentido e utilização da transformação; taxonomia e explicação; competência; e, por fim, a estrutura profunda.

Uma sintaxe não semântica?

Por volta dos anos 40, investigadores americanos, esforçando-se por libertar a linguística da influência do espiritualismo, quiseram reconduzir o objecto desta ciência ao estudo dos factos observáveis. A intenção era, à partida, judiciosa: queriam limitar-se as teses dos linguistas às hipóteses susceptíveis de serem confrontadas com os dados verificáveis. Um dos fenómenos da linguagem cujo controlo parecia escapar ao investigador era o significado. Nenhum deles se quis abstrair, totalmente, deste facto, pelo que se empenharam numa direcção de estudos chamada distribucionalismo.

O conceito de distribuição encontra-se em Bloomfield [25]. Mas a sua posição não é muito clara. Por um lado, reconhece a pertinência do sentido em linguística; por outro, vê as dificuldades de todo o exame objectivo da significação [26]. Propõe que o estudo da linguagem se centre na forma (=significante). Enquanto a observação directa do sentido não é possível, é possível enumerar os contextos em que aparece uma unidade (ou seja, descrever a distribuição desta unidade na cadeia). Uma tal descrição seria susceptível de nos trazer informações sobre o conteúdo semântico da unidade. Donde, o termo distribucionalismo para designar os estudos linguísticos sem recurso ao sentido.

Partindo desta ideia, a análise distribucional procede à segmentação dos enunciados efectivamente observados e à classificação dos segmentos obtidos — morfemas (=monemas, aproximativamente) ou sequências de morfemas —, sendo as classes caracterizadas pelas regras que regem a sua combinação (ou distribuição). A análise conduz, pois, ao estabelecimento de classes identificadas pelas suas propriedades distri-

---

[25] Por exemplo, é o que leva Bloomfield a atribuir, em inglês, a *cran* de *cranberry* o estatuto de morfema (ver *Le Langage*, § 10.1.) e a aproximar aquilo a que mais tarde se chamará «propriedades distribucionais».

[26] Ver Capítulos IX e X, sobretudo § 10.1.

bucionais; o que deveria permitir prever os enunciados possíveis numa língua.

À primeira vista, a análise distribucional apresenta semelhanças com a descrição funcional do ponto de vista da segmentação e da classificação das unidades. Mas o termo «distribuição» contém uma profunda ambiguidade, para Harris, a figura mais marcante desta corrente; ambiguidade essa que é mantida por aqueles que o seguiram. Por um lado, é classificada de distribucional toda a análise linguística — como a de Sapir ou de Martinet —, que tem em conta latitudes e restrições combinatórias das unidades, mesmo que estas sejam concebidas como dotadas de um conteúdo semântico e que o sentido sirva de critério na análise. Por outro, chamam-se distribucionais as descrições que, baseando-se só na forma, querem excluir o sentido do domínio da linguística (distribucionalismo *stricto sensu*).

Parecem impôr-se, aqui, duas observações. Numa óptica teórica, a complexidade da estrutura sintáctica torna complexa a identificação das unidades. Por um lado, a unicidade do elemento nem sempre arrasta consigo uma forma constante: o verbo *aller* pode manifestar-se sob a forma de /vè/, /va/, /al/, /i/, /aj/, etc. Por outro lado, uma mesma forma nem sempre é a realização do mesmo elemento. Uma sequência como /vã/ pode representar o monema *vent*, ou fazer parte do (significante do) monema como no início de *vendanges*, no interior de *éventuel*, no fim de *devant*, etc. A partir daqui, uma sequência como /lévãdãžsõtardivsetané/ pode ser segmentada de múltiplas maneiras [27]. Uma vez que os factos de sentido não entram em consideração, uma segmentação vale, por isso, sobre uma outra a menos que os critérios distribucionais só permitam a escolha de uma. Segundo Harris, a segmentação é, à partida, arbitrária; mas por entre várias possíveis, reter-se-á a que for mais simples (ou seja, a que comporta o número menos elevado de classes, englobando cada uma delas o número mais elevado de elementos [28]). Porém, os processos propostos por Harris para basear a segmentação em critérios não semânticos revelaram-se inoperantes. Por exemplo, o seu método

---

[27] Mais tarde Harris propõe um processo técnico para a determinação dos limites entre morfemas e que assenta na contagem dos fonemas que se seguem na cadeia. Mas esta técnica também não é operatória. Para um resumo e para uma discussão, consultar MAHMOUDIAN, «Syntaxe et linéarité».

[28] Ver HARRIS, *Structural Linguistics*, § 13.3.

de «contagem dos sucessores» levou a que /sãsibl/ *sensible* fosse separado em três segmentos /sã/, /si/ e /bl/.

A segunda observação é de ordem empírica. Verifica-se que nunca foi efectuada uma análise distribucional, no sentido restrito do termo, para uma língua. As aplicações que disso se conhecem são descrições, onde, guiado pela intuição semântica, o linguista leva a cabo segmentações e classificações; mas os argumentos que avança a favor destas operações são de natureza distribucional. Contudo, os fenómenos distribucionais são, por um lado, inúmeros e, por outro, não são todos levados em conta de forma sistemática. Segue-se a isto que, no conjunto dos factos de distribuição, há os que sustêm uma descrição e, também, os que iriam ao encontro desta mesma descrição.

A análise distribucional, no sentido restrito do termo (ou seja, sem critérios semânticos), é uma utopia. Senão, os distribucionalistas deveriam acentuar o desafio que línguas como o etrusco lhe lançam, língua esta de que se dispõem documentos, que se podem ler, mas que não se conseguem entender.

A distinção entre as duas acepções do distribucionalismo é importante para se avaliar a contribuição para o estabelecimento da comunicação. Sem dúvida que, por recurso aos contextos, se conseguem compreender algumas coisas, palavras ou combinações novas. Estes contextos nem sempre são simples sequências fónicas, mas sequências que unem sons e sentidos.

Quando a análise distribucional chega a resultados, é porque ela é concebida na sua acepção vasta, a qual tanto tem em conta a forma e a distribuição, como o sentido. O distribucionalismo não é, então — pelo menos nos seus princípios — diferente de uma corrente post-saussuriana, na medida em que o signo linguístico é concebido como entidade de face dupla; mas não porque ele se confunda com a linguística saussuriana. As diferenças situam-se noutros planos. Assim, ao nível da sintaxe, o distribucionalismo recusa-se a definir «categorias gerais» independentes das línguas; já não reconhece a existência de uma hierarquia por entre os constituintes do enunciado, por exemplo entre «predicado» e «expansão», tal como é admitida pela sintaxe funcional.

A utopia de uma sintaxe puramente distribucional — ou seja, baseada, exclusivamente, em critérios provenientes da repartição das formas (= significantes) no discurso — não está apenas reservada aos «estruturalistas»; sob certos aspectos, a gramática generativa transformacional é tributária. Por exemplo, Noam Chomsky recusa a ideia de que se pode (...) construir uma gramática apelando para o sentido». Para ele, a questão «Como se pode construir uma gramática sem apelar para o sentido?» está mal colocada. E pode ainda juntar: «Poderia de igual modo perguntar-se 'Como se pode construir uma gramática sem conhecer a cor dos cabelos dos falantes [29]?'». O aspecto decididamente exagerado destas propostas dispensa comentários demasiado longos; sobretudo se se considerar que, durante mais de duas dezenas de anos, Chomsky se ocupou da sintaxe e da semântica e se interessou pelo problema dos limites entre estes domínios. Mas, curiosamente, nem ele nem nenhum outro transformacionista perguntaram a si próprios, por onde passa o limite entre o domínio do sentido e o da cor dos cabelos dos falantes. Se a delimitação de dois domínios se coloca como um problema, então é porque há entre eles características comuns.

Sobre a substância

O significado pode ser considerado como parte integrante de um estudo sintáctico, sem se lhe atribuir nenhuma propriedade substancial, como o faz a escola glossemática de Copenhague [30]. Isto coloca problemas de fundo: Como se podem verificar as relações, que ligam os elementos constitutivos de uma frase, se nada se souber sobre as propriedades físicas por que eles se manifestam?

Reconhecer ao significado uma substância, equivale a dizer que ele corresponde a uma experiência, que o falante transmite e que o interlocutor recebe. Equivale, também, à admissão de que, se se querem descrever, de forma adequada, os factos de sintaxe, é preciso examinar, também, as experiências, que deles são contrapartida. Se se compreende que *Pierre boit son lait et son sirop aussi*, se se compreende que *sirop* não

---

[29] Ver *Structures syntaxiques*, § 9.2.1. De salientar que Chomsky vai mais tarde apoiar esta tese, por exemplo, em 1975 no seu artigo «Questions of Form and Interpretation», nomeadamente pp. 92--94 e 102, onde defende a tese absoluta da autonomia da sintaxe em relação à semântica.
[30] HJELMSLEV, *Prolégomènes* e *Essais*. Para uma discussão das relações forma/substância, ver BES, «Forme et Substance» *in* MARTINET, *La Linguistique, Guide alphabétique*.

participa da mesma maneira no acontecimento «boire» que *frère*, em Pierre *boit son lait et son frère aussi*, é porque se tem uma determinada experiência do mundo exterior e se sabe que não é provável que *sirop* seja «agente» de *boire*, etc. Porém, se os factos da experiência forem tomados em conta, a estrutura sintáctica torna-se, ao mesmo tempo, complexa e relativa.

A partir de então, compreende-se a repugnância daqueles que — partindo do princípio de simplicidade da organização de uma língua — concebem a sintaxe como disciplina independente e excluem, por consequência, todo o recurso à substância semântica. Mas também se deve compreender a necessidade do recurso à substância semântica, pois sem ele a sintaxe ficaria reduzida a um estudo das relações de implicação entre unidades: poderá, então, dizer-se quais são os elementos necessários para a constituição das frases. Além disso, poderá também determinar-se a hierarquia implicacional dos elementos: por exemplo, a frase comporta, necessariamente, um predicado; ou a função objecto implica o verbo e não vice-versa, etc. Mas, não será possível atribuir aos monemas e às funções um conteúdo semântico nem estabelecer uma ligação entre eles e os seus elementos da experiência.

O debate glossemático sobre a pertinência da substância regressa à cena por volta dos anos 70. Travam-se longas discussões nas fileiras da linguística transformacional para se saber se a sintaxe deve ser uma disciplina independente ou se nela se devem incluir os pressupostos, que os utentes da língua têm sobre o mundo exterior [31].

Generatividade

O termo generativo — utilizado, originariamente, como referência aos sistemas lógicos — significa muito simplesmente, explícito. É generativo todo o sistema cujos enunciados (ou proposições) podem ser, exaustivamente, gerados por um conjunto restrito (ou acabado) de regras e de elementos.

Transposto para o domínio linguístico, este conceito implica que a descrição (gramática) de uma língua seja elaborada de maneira tal que 1.º se possa pro-

---

[31] É para isso que reenvia a noção de pressuposição na semântica generativa; ver LAKOFF, «Pressupposition and Relative grammaticality», bem como «On Generative Semantics». Para a gramática generativa transformacional, pode consultar-se CHOMSKY, *Structures syntaxiques*, *Aspects* e *Le Langage et la Pensée*.

ceder, mecanicamente, à geração de todas as frases possíveis e 2.º as sequências geradas não comportem não-frases. Mas não há a certeza de que um tal objectivo seja realizável no domínio das línguas. Pensamos, pelo contrário, que toda a descrição exaustiva — sem intervenção de processos *ad hoc* de redução — conduz a estruturas estatísticas, relativas. E, neste aspecto, a natureza da linguagem humana não está conforme com a concepção formal dos sistemas lógicos, a qual está sujeita a sérias restrições na sequência da relativização da lógica, desde há alguns decénios [32].

Em nome do seu carácter explícito, a gramática generativa é susceptível de representação formal: pode fazer-se corresponder a cada elemento, ou regra, um símbolo. Esta formalização (ou melhor, formulação) não é uma propriedade intrínseca das gramáticas generativas: quer se formule ou não um sistema explícito, ele permanece generativo. E o processo que se escolher para a representação simbólica não muda em nada a natureza do sistema representado [33].

Uma frase como *ce linguiste distingué prononce une conférence* [34] pode ser representada de várias maneiras, figurando algumas delas da maneira que passamos a apresentar.

— Representação em «blocos» de Hockett:

Frase (P)					
sintagma nominal (SN)			sintagma verbal (SV)		
determinante (D)	grupo nominal (GN)		verbo (V)	sintagma nominal (SN)	
	nome (N)	adjectivo (A)		determinante (D)	nome (N)
ce	linguiste	distingué	prononce	une	conférence

---

[32] Ver Jean LADRIÈRE, «Limites de la formalisation».
[33] Rémi JOLIVET expõe o esquema de funcionamento e os problemas desta direcção da investigação no seu estudo «Théories linguistiques et formalisation», donde são tirados os exemplos de representações em blocos, em árvores e por parentetização etiquetada.
[34] este linguista distinto dá uma conferência. *(N. da T.)*

— Representação por «parentetização etiquetada»:

(((ce) ((linguiste) (distingué)))
P SN D D GN N   N A   A GN SN

((prononce) ((une) (conférence))))
SV V   V SN D   D N   N SN SV P

Representação em «árvore»:

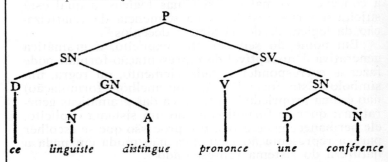

Todas estas representações são estritamente equivalentes e mais nada acrescentam à seguinte formulação:

Ce linguiste distingué prononce une conférence é uma frase constituída por um sintagma nominal *(ce linguiste distingué)* e por um sintagma verbal *(prononce une conférence)*. O sintagma nominal é constituído por um determinante *(ce)* e por um grupo nominal *(linguiste distingué)*. O grupo nominal decompõe-se num nome *(linguiste)* e num adjectivo *(distingué)*. O sintagma verbal *(prononce une conférence)* é a combinação de um verbo *(prononce)* e de um sintagma nominal *(une conférence)*; este último decompõe-se num determinante *(une)* e num nome *(conférence)*.

As representações formais têm, sem dúvida, vantagens; por exemplo, são mais compactas, permitem uma comparação mais imediata entre diversas soluções descritivas, etc. Mas não constituem meios para contornar os problemas teóricos que se colocam e só são úteis se assentarem em fundamentos teóricos sólidos.

Transformação

O termo transformação tem — no domínio das línguas formais — um sentido preciso. Em linguística, está muito carregado de conotações, quanto mais não fosse porque qualquer corrente de linguística (interessada nas investigações formais) se quer transformacionista (ou transformacionalista). Historicamente, o transformacionalismo é a continuação do distribucionalismo; parte dos mesmos princípios, mas introduz modificações. Para melhor se compreenderem as teses transformacionais, convém situá-las no seu quadro e confrontá-las com as teses a que se opuseram.

Paradoxalmente, a transformação não é o conceito teórico mais importante em linguística transformacional; antes de Chomsky, foi empregue por outros, como Harris. Para este último, o estudo distribucional da sintaxe ao isolar-se nos limites da frase, faz com que caiba às operações transformacionais ultrapassar este quadro e separar as relações, que as frases mantêm entre si. Harris, consequente consigo próprio, considerava estas operações como formais e não lhes atribuía mais valor semântico do que às operações distribucionais.

Partindo do princípio de que a análise distribucional permanece válida para a segmentação e para a classificação, Chomsky quiz fazer das operações transformacionais a indicação das relações de significado subjacentes. Por exemplo, a análise distribucional reconheceria a mesma estrutura sintáctica nas frases seguintes:

1) ce jeune garçon est apte à lire,
2) ce petit livre est difficile à lire [35].

Porém, a relação entre *lire* e o sujeito da frase não é o mesmo nos dois casos; *garçon* é «agente» de lire, enquanto *livre* é o seu «paciente». A descrição distribucional deveria ser completada por uma descrição transformacional, a qual estabeleceria o contacto com as outras frases e elucidaria sobre as ligações semânticas profundas. Pela análise transformacional, poderia ver-se que a segunda frase é a transformada de *quelqu'un lit ce petit livre, et cela est difficile*, enquanto, para a primeira frase, se poderia dizer que provém da transformação de uma frase como *quelqu'un lit ce jeune garçon et cela est apte*. Chomsky vai até ao ponto de atribuir a estas operações uma realidade mental que, segundo ele, interviria na compreensão das frases. Assim, ao passar-se da análise distribucional para a análise transformacional, passar-

---

[35] 1) este jovem rapaz está apto a ler; 2) este pequeno livro é difícil de ler. *(N. da T.)*

-se-ia de uma descrição puramente formal para uma descrição, também formal, mas que teria largamente em conta os factos significados. Deste modo se chegaria à concretização daquilo que faltou ao distribucionalismo: uma descrição da sintaxe, assente no estudo da forma — e só dela — que teria em conta o valor semântico dos fenómenos sintácticos e que prepararia o terreno para uma análise semântica.

Tudo isto torna necessárias duas observações. A primeira, visa dissipar um mal entendido: nenhuma análise, puramente formal, obteve êxito quer na segmentação (dos enunciados), quer na classificação (dos monemas). Até os próprios distribucionalistas apelam para os critérios semânticos inconfessados — como acabámos de ver.

A segunda, diz respeito às operações transformacionais. Serão estas as operações a que o sujeito falante recorre, tal como o deixa entender uma certa literatura transformacionista [36] (nela se incluindo alguns propósitos de Chomsky)? Veremos que o quadro teórico não fornece os meios para a verificação de uma tal tese. Ou será que estes processos só têm um valor heurístico para o linguista, sem conjecturar o processo efectivo de produção e de percepção? Neste caso, estão à disposição outros métodos — mais económicos e mais concludentes, sem dúvida; e não há nenhuma razão para os preferir face aos processos transformacionais. Por exemplo, para identificar dois monemas, em inglês *(he) took* «(ele) tomou» ou em francês *(il) sut* «(ele) soube», procede-se a um exame transformacional. Mas, o conceito de amálgama permite-nos descobrir o pretérito e o verbo *take* «tomar» como constituintes do inglês *took*, ou reconhecer o francês *sut* «soube», como a combinação de «savoir» «saber» e do «pretérito perfeito». Ou, ainda, exaltar que a técnica transformacional mostraria que a frase *la charrue est tirée par le bœuf* é a transformação de *le bœuf tire la charrue*, e que não alcançaria a partir de *la charrue est tirée par le bout* uma frase como *le bout tire la charrue*. Pode igualmente e sem se apelar para as técnicas transformacionais, mostrar-se que — apesar das semelhanças transformacionais — *bœuf*

---

[36] Por exemplo, KATZ, no seu «Mentalism in Linguistics», atribui uma realidade mental à estrutura transformacional. É o que também parece fazer Chomsky, ao procurar a realidade psíquica dos factos linguísticos ou ao conceber a linguística como um ramo da psicologia do conhecimento (ver *Le Langage et la Pensée*).

e *bout* não têm a mesma função nas duas frases: isso seria um caso de sincretismo. Se se admitisse que as técnicas distribucionais e transformacionais não fazem intervir os factos de sentido, os processos transformacionais teriam, por exemplo, a vantagem de nos dispensarem de nos basearmos na intuição semântica do sujeito falante para julgarmos da identidade ou da diferença da função de *le bout* e *le bœuf;* e a análise linguística ganharia, pois, em objectividade. Porém, esta vantagem só seria real se as consequências possíveis e impossíveis pudessem ser determinadas, independentemente da intuição dos utentes da língua; ou — pelo menos — se a intuição dos falantes quanto às possibilidades combinatórias colocasse menos problemas do que a sua intuição semântica. Nenhuma destas condições parece estar satisfeita: as latitudes e restrições combinatórias não podem ser determinadas independentemente da consciência do sujeito falante. É nisso que a linguística, tal como as outras ciências humanas, se distingue — será necessário recordá-lo? — das disciplinas físicas. E, quando um linguista pensa libertar-se da intuição do falante baseia-se na sua própria consciência, que institui segundo as regras da sua consciência total e universal. Além disso, ao serem dadas a diversidade e as variedades, que existem na sintaxe de cada língua, percebe-se mal — em teoria — como é que a intuição destes factos poderia ser constante; e os trabalhos experimentais mostram, que assim não é. Por exemplo, Archibald Hill mostrou, através de um inquérito, que nenhuma das frases rejeitadas por Chomsky, o era por todas as pessoas que interrogou [37].

Taxonomia e explicação

Por entre os problemas que a linguística transformacional levantou, figuram, nos primeiros lugares, o da taxonomia e o da explicação. Tal como para as outras teses transformacionistas, a altura é melhor aproveitada, quando o debate se situa num quadro dominado pela teoria e pela prática distribucionais. Chomsky e os seus discípulos criticam a linguística estrutural por ter centrado a sua atenção na taxonomia e por ter, deste modo, descurado a explicação dos factos linguísticos.

---

[37] Ver HILL, «Grammaticality».

Salientaremos, para começar, que a classificação dos factos não é, em si mesma, criticável; o que o é, é o estabelecimento de classes *ad hoc* no quadro de uma dada teoria e a limitação do objecto da linguística a tais classificações. Sob este ponto de vista, a linguística distribucional presta-se a algumas críticas justificadas. Em todo o rigor, a descrição distribucional deveria assentar no critério de simplicidade; mas este critério nunca foi suficientemente explicitado para ser operatório. É com base no seu juízo intuitivo, que o distribucionalista conserva uma solução descritiva [38].

Porém, a crítica, que os transformacionistas fazem à linguística estrutural, não tem objecto, se o termo estrutural for tomado na sua mais vasta acepção. E isto porque, em muitas correntes estruturalistas, a taxonomia não é nem arbitrária, nem um fim em si. Por exemplo, Saussure concebe a língua como um sistema de classificação. A partir daí, a investigação das classes tal como elas existem nas línguas, é um desígnio explicativo, se por explicação se entender o estudo dos mecanismos da língua. Além disso, o conceito de classe é indispensável, a partir do momento em que se procura ter acesso a uma estrutura abstracta: aquele que separa o fonema ou o monema, fá-lo agrupando numa classe várias entidades concretas distintas. De igual modo, identificar uma construção sintáctica implica que se arrumem, sob a mesma rubrica, enunciados que tenham constituintes diferentes. Não existe oposição entre taxonomia e explicação, se as classes não forem arbitrárias, nem teoricamente infundadas.

A competência

Uma outra tese da linguística transformacional consiste na distinção entre a competência (estrutura subjacente) linguística e a «performance», a utilização que dela fazem os falantes. Também aqui, o ponto de partida de Chomsky é uma crítica à linguística estrutural e ao interesse exagerado que ela teria dado à «performance», descurando, à partida, a competência e o aspecto criador da linguagem.

---

[38] Ver HARRIS, *Structural Linguistics*, § 13.31, onde ele distingue na sequência fónica inglesa /tuw/ três morfemas (a saber *two* «dois», *too* «também» e *to* «a»). Esta tricotomia baseia-se na intuição do descritor. Harris não segue aqui os seus próprios critérios, segundo os quais deveria considerar todas as soluções descritivas possíveis e escolher a mais simples.

Esta crítica à linguística estrutural baseia-se numa profunda ambiguidade cultivada e mantida pela linguística distribucional. Por um lado, esta define o seu objecto como sendo a língua, a sua estrutura; por outro, só opera com um corpus (conjunto de enunciados efectivamente realizados) limitado. Estes dois aspectos não seriam incompatíveis, se se tentasse a elaboração de métodos para chegar a conclusões gerais a partir de observações restritas. Mas não é esta a atitude de Harris; ele chega mesmo a considerar estes métodos como exteriores à linguística estrutural. A sua prudência exagerada leva a contradições flagrantes entre os seus propósitos teóricos e a sua prática descritiva. Em teoria, só admite a extrapolação para as combinações possíveis: o que é verificado no corpus é possível na língua. Mas o inverso não se dá: segundo ele, nada permite dizer que uma tal sequência, não verificada no nosso corpus, não seja possível [39]. Porém, na sua prática descritiva, não hesita em dizer que uma tal sequência é impossível [40].

Diga-se, de passagem, que é no contexto que se pode descobrir a razão de ser da divisa generativista, que consigna à teoria linguística a tarefa de gerar «todas as frases e mais nada senão as frases» da língua em estudo.

Despojada do seu aspecto polémico e dos seus exageros, a crítica que se pode, justamente, fazer à linguística distribucional, é a de ela visar a estrutura, mas de não se munir dos meios, para a ela chegar, pelo exame objectivo dos dados concretos. É claramente visível que a discussão sobre a competência e a «performance» é — pelo menos em alguns pormenores — a renovação do debate — clássico a partir dos finais do século XIX — sobre a língua e a fala. Só que a linguística transformacional não desembocou numa solução satisfatória para o problema.

Apesar da sua intenção inicial, Chomsky não encontra resposta para a questão fundamental: «Como é que se pode descrever, exaustivamente, a estrutura da língua pela observação da utilização, lacunar por definição?» E isto porque Chomsky — ao fixar à linguística a tarefa de estudar a competência (estrutura subjacente) — não propõe via alguma de acesso a esta estrutura. Primeiro, porque a «performance» (= utili-

---

[39] Ver HARRIS, *Structural Linguistics*, p. 372.
[40] Ver HARRIS, *op cit.*, p. 302 e *passim*.

zação) não seria representativa da estrutura que a sustém, na medida em que pode comportar erros e lacunas. Um enunciado pode ser alusivo ou truncado ou, ainda, conter em si lapsos e erros, tudo isto devido às circunstâncias da comunicação ou ao estado (físico ou psíquico) dos falantes. Não se podem, por conseguinte, imputar estes fenómenos à estrutura. Além disso, há uma série de factos possíveis que podem estar ausentes num corpus (quer se trate de um conjunto de frases produzidas espontaneamente quer de frases solicitadas pelo inquiridor). Depois, porque a intuição dos utentes não é considerada como válida para determinar se uma tal sequência de unidades é uma frase possível na nossa língua. Nestas condições, mais não resta do que a intuição do linguista — ao mesmo tempo descritor e utente da língua —, a qual permitiria fazer a separação entre frases possíveis e sequências impossíveis numa língua: por outras palavras, recorrendo à introspecção. A reabilitação da introspecção conduziu — tal como o testemunha a literatura transformacionista — a uma série de estruturas subjacentes, todas diferentes e inverificáveis. É, sem dúvida, o que leva Chomsky a mudar a sua atitude epistemológica: enquanto, por volta dos anos 50, gabava as hipóteses explícitas e verificáveis, a partir de 1965, chega a recusar o interesse da objectividade nas investigações linguísticas.

Um outro factor parece ter entravado a junção entre hipóteses e factos empíricos: a teoria transformacional comporta um número demasiado grande de teses. Mas elas não estão ligadas entre si a ponto de formarem um corpo. O termo teoria aplica-se, ao mesmo tempo, às hipóteses fundamentais (referentes à linguagem humana em geral) e às muito específicas, que só dizem respeito a uma estrutura parcial de uma dada língua. Disto resulta que, a partir das mesmas observações e permanecendo no quadro da gramática generativa transformacional, se podem tirar conclusões diametralmente opostas.

O debate entre Chomsky e Lakoff [41] ilustra bem esta dupla dificuldade: por um lado, eles não estão de acordo em relação ao que é possível ou impossível em inglês; por outro, do mesmo conjunto de dados empíricos, cada um chega à «sua» conclusão: Chomsky

---

[41] Ver CHOMSKY, «Sur quelque débats empiriques» in *Questions de sémantique*, § 6.4.1., e LAKOFF, «On Generative Semantics».

para confirmar a distinção entre estrutura (profunda) sintáctica e estrutura semântica e Lakoff para recusar esta distinção, que considera inútil e arbitrária.

Convém salientar que não existe, nos nossos dias, para nenhuma língua, uma gramática generativa (transformacional ou não), no sentido restrito do termo, ou seja, uma gramática que permita gerar todas as frases gramaticais e que exclua todas as sequências agramaticais. Aliás, este objectivo está praticamente abandonado.

Não é nossa intenção proceder a um estudo de todas as teses da gramática generativa transformacional. Do exame sumário que fizemos, pensamos poder concluir que ele contribuiu para a renovação do debate teórico em linguística e para quebrar o classicismo que corria o risco de nela se instalar; o que é, em si, uma contribuição que não pode ser descurada. Além disso, Chomsky pôde orientar as investigações linguísticas mais para os fenómenos um pouco descurados, tais como a aquisição e o aspecto psíquico da linguagem, ainda que o quadro teórico, que propôs, para tal não fosse, de forma alguma, o adequado.

A evolução da linguística transformacional levou a uma série de «teorias». A diversificação do transformacionista é de tal maneira, que, muitas vezes acontece que os transformacionistas de um ramo têm posições comuns com os não-transformacionistas, mais facilmente do que com os transformacionistas de uma outra tendência. Assim, pondo de parte a terminologia, Labov junta-se a Martinet numa série de problemas referentes às relações entre língua e sociedade.

6. LINGUAGEM, INDIVÍDUO, SOCIEDADE

1. A experimentação em linguística

Ao longo dos capítulos anteriores, insistimos na necessidade da experimentação, sem a qual a investigação linguística ficaria reduzida à emissão de hipóteses por parte do investigador, apoiadas, somente, no talento. Os factos empíricos, em que se apoia a justificação de tais hipóteses, têm, necessariamente, um valor; porém, este pode estar limitado à utilização do falante-descritor ou a alguns fenómenos de outras utilizações, de que pôde ter conhecimento por acaso, das suas trocas ou experiências linguísticas. É evidente que o simples facto de formular hipóteses sobre um objecto, não constitui por si só uma actividade plenamente científica. Mesmo que estas hipóteses recebam uma formulação relativamente explícita e sirvam como ponto de partida para a construção dos teoremas ou para propôr definições, não respondem às exigências do trabalho científico, na medida em que a sua validade não foi estabelecida por confrontação com os dados.

A experimentação não goza de boa fama em linguística. É criticada por dar a si própria objectivos com pouca pertinência. Por exemplo, Noam Chomsky recusa o interesse da objectividade em linguística [1]. Outros, como Jan Mulder, excluem a investigação das relações causais dos estudos sobre a linguagem [2].

---
[1] *Aspects*, p. 37.
[2] MULDER & HERVEY, *The Srategy of Linguistics*, p. 8.

Nada se pode responder a estas críticas, na medida em que elas não se baseiam em nenhum argumento. Só se pode tomar nota da ausência de interesse face a este método, tal como o testemunham alguns linguistas.

2. Sentido e alcance da experimentação

Outras críticas assentam em malentendidos, mas, antes de falar nelas, convém precisar o sentido e o alcance da experimentação. Em todo o rigor, não se podem tirar conclusões por indução de uma observação isolada. Por serem complexas as circunstâncias de toda a observação, nunca se saberia dizer se tal ou tal factor está na origem de tal acontecimento. O investigador pode emitir hipóteses; mas para chegar a um conhecimento objectivo, deve assegurar-se — graças à repetição da observação — de que a ligação causal, que estabelece entre dois factos, se verifica. A experimentação existe, pois, para explicitar as condições da observação e a possibilidade da sua repetição [3]. Assim considerada, a experimentação cobre diversos campos da actividade do linguista donde emanam a descrição de uma língua por recurso ao corpus e a baseada na recolha de materiais para investigação. E isto porque o que é importante em tais descrições não são os factos singulares, que nelas são observados, mas sim e sobretudo o valor, de que eles se revestem, mesmo fora do escalão de dados observáveis recolhidos por corpus ou investigação. Se uma análise de corpus nos permite prever algumas das propriedades dos enuncaidos que dele não fazem parte, estamos, então, empenhados a fundo numa experimentação. Assim, a análise da sintaxe de um romance pode permitir dissociar: textos de descrição e diálogos; para começar,

---

[3] Os problemas da experimentação, considerados sob o ângulo das relações entre o sujeito do conhecimento e o seu objecto, colocam-se de forma análoga nas ciências físicas: «Aí reside, escreve Jean Ullmo, o paradoxo radical: o objecto é o que está fora de nós, independente de nós. E, no entanto, nós não conhecemos nada dele se não o integrarmos, de qualquer maneira, em nós próprios, através dos nossos sentidos, ou através destes sentidos aperfeiçoados, que são os instrumentos.» Este paradoxo é «resolvido pela repetição (...). Não se trata da repetição dos factos de observação. Em todo o rigor um fenómeno não se repete. Uma observação natural é sempre tão rica de conteúdo actual ou virtual, que a sua repetição é quase impossível. A experimentação permite-nos precisar as circunstâncias, as condições de uma observação». Jean ULLMO, «Les Concepts physiques».

posso interessar-me pelos textos, salientar algumas regularidades e, de seguida, interrogar-me sobre a validade destas regras para o diálogo. Ao fazer isto, estou a proceder a uma experimentação, através da qual procuro examinar se tais observações — que caracterizam um aspecto do romance — são, de igual modo, válidas para o outro aspecto. Cabe ainda à experimentação procurar constantes estatísticas em sintaxe na confrontação dos resultados identificados provenientes da análise de corpus diferentes. De igual modo toda a descrição que recorre ao questionário ou, simultaneamente, ao questionário e ao corpus, tem um aspecto experimental. Uma série de linguistas, que desconfiam da experimentação, praticam-na, correntemente, nas suas investigações: para seu mal, são empiristas.

Para que as conclusões, que tiramos da experiência, sejam controladas de forma precisa, esta deve ter lugar no quadro de um modelo. Os modelos são construções que precisam — e, consequentemente, enriquecem — a teoria com hipóteses novas, de valor mais limitado, local.

Além disso, a complexidade do real faz com que as hipóteses contidas nos modelos se revistam de um valor relativo. Daqui resulta que toda a elaboração de um modelo apela, necessariamente, para tratamentos estatísticos.

3. Um exemplo de modelo experimental: o inquérito fonológico

Para ilustrar a noção de modelo, pode partir-se de um exemplo clássico: o do inquérito fonológico. Este consiste no recurso à intuição de sujeitos falantes para evidenciar as oposições fonológicas e, em alguns casos, a sua natureza fónica. O inquérito que, no caso do francês foi concebido por André Martinet e conduzido por ele próprio e pela primeira vez em 1941 [4], consiste em colocar, por escrito, questões relativas à pronúncia de unidades significativas (monemas ou sintagmas). Eis um exemplo: «Por acaso pronuncia de maneira idêntica: a) *pot/peau*; b) *sotte/saute*? Se estabelece uma diferença, ela é de timbre ou de comprimento?» Os quase quatrocentos informadores consultados representavam quase todas as regiões de França. Os resultados do inquérito revelaram uma regularidade

---
[4] Ver *La Prononciation*.

espantosa: algumas questões dividiam os informadores em dois grupos, geograficamente distintos. De igual modo, ressaltam, por entre as respostas dadas a uma questão e as dadas a outra, paralelismos surpreendentes. Assim, metade dos Meridionais declaram ter a mesma vogal em *sotte* e *saute*, ao passo que nenhum dos inquiridos parisienses dá uma tal resposta. Além disso, a repartição geográfica é muito análoga para as vogais pré-dorsais (/é/, /è/) e pós-dorsais (/ó/, /ò/), tal como sobressai do quadro que se segue:

	Sotte = saute	Piqué = piquet = piquait
França meridional	47%	40%
França não meridional	4%	10%
Região parisiense	0%	4%

Com efeito, se na França meridional se confunde *sotte* e *saute*, também aí se confunde *piqué*, *piquet* e *piquait;* da mesma maneira que, se a distinção entre *sotte* e *saute* é muito generalizada na região parisiense, também é aí muito forte a distinção existente entre *piqué*, *piquet* e *piquait*.

Estas regularidades parecem indicar que, por um lado, o conceito de «fonema» tem uma realidade no psiquismo do sujeito falante e, por outro, que esta realidade é acessível à nossa observação pela interrogação do sujeito falante. Eis dois problemas que não são abordados pela teoria linguística; eles devem ser precisados e formulados em hipóteses quando se pretende levar a cabo uma investigação experimental, hipóteses essas emanentes do modelo e não da teoria.

Um outro facto surpreendente é o seguinte: a repetição do inquérito mostrou a constância de certas reacções e também diferenças, em algumas zonas, do sistema fonológico. Se a validade das respostas do informador não fôr posta em causa, esta constatação leva-nos a concluir que o sistema fonológico evoluiu. Assim, em 1941, 42% dos Parisienses interrogados declaravam ter a mesma pronunciação para *brun* e *brin;* vinte anos mais tarde o inquérito de Guiti Deyhime[5] mostra que esta confusão atinge 71%. Isto prova a possibilidade da observação de uma evolução em curso.

---

[5] Ver DEYHIME, «Enquête sur la phonologie».

4. As implicações dos inquéritos linguísticos

Para além das implicações provenientes, tal como vimos, das possibilidades da experimentação em linguística, o recurso aos inquéritos elucida determinados aspectos da estrutura linguística. Primeiro, verifica-se que todo o inquérito é, necessariamente, pontual, uma vez que é humanamente impossível submeter tudo a uma verificação rigorosa. Pelo menos duas consequências provêm daí. A primeira é que, ao estreitar o domínio da experimentação, se aumenta a possibilidade de atingir um elevado grau de precisão no nosso conhecimento do objecto visto sob um ângulo determinado; mas o preço desta experiência é que, no final dela, nada se poderá afirmar sobre os outros aspectos possíveis do mesmo objecto. Assim, quando se escolhe estudar o estatuto dos elementos fónicos, tal como eles se nos apresentam, através do juízo intuitivo do sujeito falante, obtêm-se resultados bem identificados, que permitem separar a repartição geográfica e social das oposições e unidades fonológicas; mas, ao fazê-lo, ignora-se o que se passa no comportamento efectivo dos sujeitos, quando estes não estão em situação de inquérito. Isto equivale a dizer que o exame da intuição fonológica deixa em aberto inúmeras questões sobre o aspecto comportamental dos fonemas. Pode afirmar-se *a priori* que a observação da intuição e a do comportamento fonológico conduzem a resultados completamente diferentes, a resultados perfeitamente conformes ou, ainda, a resultados que se tornam a cortar parcialmente, manifestando deslocações em algumas zonas. Também nada mais se pode dizer sobre a significação dos desvios entre intuição e comportamento.

O carácter pontual do modelo não surge só porque ele apenas retém um ou alguns dos aspectos — o aspecto intuitivo no inquérito de Martinet, por exemplo — do fonema, e não todos; ele também implica que o inquérito seja levado a cabo, somente, sobre determinados elementos. Assim, no questionário de Martinet, não se encontra nenhuma questão que vise o estatuto de /m/ e /n/ (em contextos como *mi/ni*, *mû/nu*) ou o estatuto de [l] e [l̥] (como em *ongle* e *oncle*). Ao efectuar a sua escolha, o investigador faz uma aposta e afasta determinadas questões, que — segundo a sua intuição — não apresentam interesse ou apresentam pouco interesse. Esta escolha possível ilustra bem a virtualidade de uma série de modelos, a partir de um número limitado de princípios teóricos. Os modelos, situados em diferentes níveis de generalidade e de abstracção, constituem meios escalonados entre teoria abstracta e experiência concreta.

Uma outra implicação do recurso ao inquérito é a atribuição de um valor estatístico é estrutura linguística. E isto está completamente dentro da ordem das coisas; também nas outras ciências, a criação de modelos experimentais se faz acompanhar da introdução do instrumento estatístico para avaliar os resultados das observações [6]. O contrário seria surpreendente. Não há nada que justifique que se espere que os sujeitos respondam unanimemente sim ou não, por exemplo à seguinte questão: «Pronuncia de forma idêntica *la nielle* e *l'agnelle?*».

Para finalizar, os modelos permitem estabelecer a relação dialéctica entre teoria e empiria. O inquérito fonológico, que parte da teoria fonológica, onde «a medida e o número» eram considerados como não pertinentes [7], consegue separar uma estrutura estatística e permite rectificar os nossos pontos de vista sobre os fonemas e o sistema, que eles formam.

5. Linguagem e sociedade

Uma das implicações — e que não é das menores — do inquérito fonológico foi a de evidenciar as ligações indissolúveis da estrutura linguística com a sociedade e as suas divisões em fracções sócio-geográficas.

Os resultados do inquérito mostram que a estrutura linguística não se identifica com um sistema formal homogéneo e que uma língua apresenta variações inerentes ao seu sistema. Estas variações repartem-se segundo os factores geográficos e conforme as classes sociais. (Partindo do princípio de que nem todas as classes sociais estavam representadas na população inquirida — o inquérito de Martinet efectuou-se num campo de oficiais prisioneiros —, as diferenciações de classe são menos claras do das regiões; o que motiva a nossa escolha nos exemplos.) Por exemplo, se se dividir a comunidade francesa em duas partes, esta divisão corresponderá *grosso modo* a duas regiões linguisticamente distintas: a metade norte terá um sistema vocálico com quatro graus de abertura: /i/ *(riz)*,

---

[6] GRANGER, *Pensée formelle*, Capítulos VI e VII, nomeadamente pp. 145 e 199-200.

[7] É o que TROUBETZKOY afirma nos seus *Principes*, p. 9.

/é/ *(ré)*, /è/ *(raie)* e /a/ *(rat);* enquanto o sistema fonológico meridional, que não faz a distinção entre /é/ e /è/, só comportará três. Em contrapartida, e no seu conjunto, o Midi opõe *brin* e *brun*, que os não--Meridionais, na sua grande maioria confundem. Mas nem todas as variações têm uma estrutura tão clara e, em muitos casos, não é fácil determinar se uma variação corresponde a factores geográficos ou não.

Estas observações têm relações com dois problemas muito debatidos em linguística depois do início do século, e para eles contribuem com elementos novos. O primeiro é o da distinção língua/fala (ou estrutura/utilização, competência/«performance», noutras terminologias). Será que se pode, que se deve fazer uma distinção entre o sistema linguístico e a utilização, que dele fazem, os falantes? Se se define uma língua como instrumento de comunicação, o francês meridional e o francês não meridional são uma só e mesma língua. Mas isto entra em contradição com o conceito «língua», que é caracterizado por uma estrutura constante e oposta à fala, a qual é concebida como o conjunto dos factos linguísticos variáveis; visto que, apesar das diferenças do sistema das vogais orais e da ausência (na França meridional) e da presença (na França não meridional) das vogais nasais [7bis],

---

[7bis] A apresentação aqui feita do sistema das nasais em francês do Midi — se bem que clássico, ver MARTINET, *Prononciation*, p. 143 — não é a única possível. A observação fonética fornece os seguintes dados: em francês meridional, a vogal nasal é seguida de uma consoante nasal homossilábica. De igual modo, a consoante nasal é precedida de uma vogal nasal homossilábica, que a precede quando vocálica. Não é, pois, possível isolar na sílaba uma vogal nasal (sem a consoante nasal seguinte), nem encontrar uma consoante nasal precedida de uma vogal não nasal. A nasalidade da vogal é, portanto, indissociável da da consoante: só há um traço pertinente nasal. De um ponto de vista fonológico, não poderá ver-se numa sequência fonética [VC] uma vogal nasal seguida de uma consoante nasal. Deverá considerar-se a nasalidade como uma característica pertinente da vogal ou da consoante? Ambas as soluções parecem possíveis e podem estar apoiadas em argumentos pertinentes. Assim, a consoante nasal pode, em determinadas condições, aparecer aquando da ausência de uma vogal nasal precedente, como em *mas, asthme*, etc. Pelo contrário, a vogal nasal não tem esta independência face à consoante tautossilábica seguinte; o que permite considerar [V̈C̈] como uma sequência fonológica /CV/ e concluir da ausência de vogais nasais fonológicas, em francês meridional. Mas outros argumentos parecem favorecer a solução que atribui a nasalidade à consoante: por exemplo, as observações recentes revelam que a parte consonântica de [V̈C̈] — tal como [ñ] em [mẽñ] *main* — está em forte regressão; regressão essa que tende a conferir uma certa autonomia à parte vocálica, relativamente à parte consonântica.

tem de se tratar de um instrumento que permita assegurar a compreensão mútua, pelo menos numa grande medida. Este paradoxo encontra a sua solução numa concepção relativa do instrumento (língua), por um lado, e da função (comunicação), por outro. Voltaremos a este assunto na pág. 142 e seguintes.

A segunda questão é a de saber se a linguística é uma ciência social ou uma disciplina psicológica. Da resposta a esta questão tiraram-se conclusões — e alguns continuam a fazê-lo — sobre os problemas que se devem colocar à linguística e os métodos que ela deve seguir. A alternativa foi, frequentemente, formulada nestes termos: como ciência social, a linguística deve recusar-se ao exame da intuição do sujeito falante e contentar-se com a observação, em massa, do comportamento linguístico numa sociedade [8]. Pelo contrário, aqueles que concebem a linguística como disciplina psicológica [9], defendem que, sendo a língua uma estrutura, pouco importa saber qual o uso que dela é feito numa sociedade, ou se uma fracção da comunidade se serve, frequentemente, de uma parte desta estrutura e, raramente ou nunca, de uma outra. Para além das objecções teóricas, que esta dicotomia levanta, e a que aludimos no capítulo anterior, esta alternativa coloca um problema empírico: Haverá, nos factos, uma contradição entre o aspecto social e o aspecto psíquico da linguagem? O inquérito parece contribuir com uma resposta negativa para, esta questão. A repetição dos inquéritos mostra que a repartição das reacções intuitivas é bastante constante; isso significa que as respostas às questões linguísticas não e devem ao acaso e que a consciência linguística está estruturada numa comunidade.

Os argumentos evocados não têm em conta o juízo intuitivo que os sujeitos trazem em si sobre os elementos fónicos que utilizam. Ora, as unidades, que em ambas as soluções se livram — para serem válidas — devem ser conformes com a consciência linguística» dos falantes.

Esta discussão mostra a evidência da complexidade de um sistema nasal em plena mutação. Será precisa elaborar conceitos mais explícitos e processos experimentais precisos, para determinar qual das soluções é a mais adequada no estado actual do francês meridional.

[8] Conforme BLOOMFIELD, ver *La Langage*, Capítulo II.
[9] Tal como faz CHOMSKY, em *Aspects* e em *Le Langage et la Pensée*.

6. Problemas e limites do inquérito

O realce dado, nos parágrafos anteriores, à contribuição dos inquéritos, não deve fazer crer que estes estão isentos de problemas ou que são aplicáveis sem limites. O inquérito, baseado na intuição, apresenta uma lacuna importante porque descura o comportamento efectivo, por exemplo, a forma como o utente realiza as suas unidades fonológicas. Ora, todo o elemento linguístico — para assegurar a sua função no acto da comunicação — deve satisfazer uma dupla condição: corresponder a uma intenção e ser dotado de uma realização adequada, que manifeste esta intenção; sem uma tal realização, a intenção do falante corre o risco de não ser percebida pelo auditor.

Um modelo mais elaborado deve fazer entrar em linha de conta tanto a consciência como o comportamento linguísticos. Uma experiência deste género poderia esclarecer, duma forma completamente nova, alguns problemas importantes. Assim, os resultados da observação da intuição e da do comportamento devem ser em todos os pontos idênticos ou, pelo menos, só apresentarem desvios que podem ser descurados, uma vez que é verdade que a estrutura linguística é una e homogénea em todo o falante. Se os dois tipos de resultados mostram desvios consideráveis, das duas uma: ou a estrutura é uma e, então, é preciso que das duas observações (intuição e comportamento), uma seja retida e considerada como válida com exclusão da outra. (Mas em que pode basear-se uma tal escolha?); ou então, é preciso concluir que a estrutura linguística apresenta aspectos múltiplos e é também variável no indivíduo e não apenas na comunidade. Terá, então, de se determinar o condicionamento e o significado desta deslocação.

Deyhime recolheu dois tipos de dados no seu inquérito: a resposta do informador às questões sobre os pares mínimos e a pronúncia dos pares mínimos tal como ela surge à observação do inquiridor. Estes dois tipos de dados são, por vezes, conformes e, quando há deslocações, elas não afectam, frequentemente, as classificações obtidas. Por exemplo, para *brin* e *brun* obtêm-se os seguintes resultados:

O quadro abaixo indicado mostra que — sejam quais forem os dados: resposta à questão ou pronúncia observada —, a região parisiense lidera a confusão *brin/brun*, seguida da França não meridional, sendo a distinção fortemente mantida na França meridional.

Regiões	Percentagens dos sujeitos que pronunciam da mesma maneira *brin* e *brun*	
	Segundo respostas à questão	Segundo a pronúncia observada
França meridional	2	2
França não meridional	47	50
Região parisiense	71	76

Nota-se, no entanto, que os informadores, ao responderem às questões, são mais conservadores do que quando pronunciam as unidades.

A objecção, que poderia aqui ser feita, é a de que a pronúncia do informador, ao ser observada nas condições de inquérito, sofreria distorções.

No seu estudo sobre a pronúncia do /r/ na cidade de New York, William Labov conseguiu confrontar diferentes tipos de dados e disso tirar conclusões interessantes [10]. Eis, seguidamente, as grandes linhas:

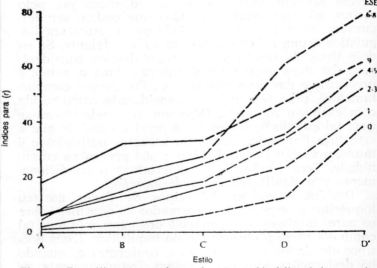

Fig. 2 — Estratificação por classes de uma variável linguística em vias de mudança: (r) em car, beer, beard, board *(carro, cerveja, barba, quadro), etc. ESE (escala socioeconómica): 0-1, subproletariado; 2-4, classe operária; 5-6, 7-8, pequena burguesia; 9, média e alta burguesia. A: discurso familiar; B: discurso cuidado; C: leitura; D: listas de palavras; D': pares mínimos.*

---

[10] LABOV, *Sociolinguistique,* nomeadamente Capítulo IV, p. 180, donde é tirada a figura 2.

O fonema /r/ nos contextos como *car* «carro», *beer* «cerveja», *beard* «barba» e *board* «quadro» realiza-se de diversas maneiras; Labov retém duas variantes fundamentais: realização com constrição consonântica e realização sem constrição. Em ambas, a pronúncia construtiva é considerada como marca de prestígio; mas as duas pronúncias verificam-se em todos os grupos sociais. Os materiais que Labov estuda provêm de A) discurso familiar, B) discurso cuidado, C) leitura, D) lista de palavras e D') pares mínimos. Verifica-se que a pronúncia constritiva, em fraca percentagem no discurso familiar, atinge o seu máximo na leitura dos pares mínimos, passando por discurso cuidado, leitura e lista de palavras, os quais obtém valores intermédios. Isto verifica-se em todos os grupos sociais (ver fig. 2).

Logo à partida, verifica-se existir uma deslocação entre intuição e comportamento linguístico de todos os grupos sociais. Quer isto dizer que o sujeito tem consciência da existência de uma norma («correcta»), mas pensa estar mais próximo dela, do que está, no seu comportamento. Depois, verifica-se que a classificação dos grupos sociais continua a ser a mesma — salvo o caso da pequena burguesia —, seja qual for o estilo considerado. Na medida em que os estilos cuidados apelam mais para a actividade consciente do falante do que para o discurso familiar, quotidiano, pode-se dizer que a estratificação social se repercute, da mesma maneira, no comportamento e na consciência linguísticas. (Além disso, isso corrobora os resultados dos testes de reacção subjectiva, onde o informador é convidado a julgar a origem social de um falante segundo a sua pronúncia.) Por fim, verifica-se que a deslocação não se reparte de uma maneira igual em todos os grupos sociais. A pequena burguesia — que não se distingue, particularmente, pela pronunciação do *r* no estilo familiar — acusa o aumento mais rápido nos estilos cuidados, enquanto a deslocação já não é tão grande nos outros grupos sociais. Estes resultados, conjugados com outras experiências de Labov, mostram que esta atitude se deve à insegurança linguística, a qual resulta da posição de charneira que a pequena burguesia ocupa entre os grupos sociais; posição essa que faz com que a pequena burguesia se esforce por se apropriar da pronúncia de prestígio e opte por uma atitude bastante negativa em relação à pronúncia, que herdou. Esta aspiração à prática de uma norma prestigiosa deforma a sua intuição até à hipercorrecção: ela pensa dever praticar a norma de prestígio para além dos limites do estilo mais cuidado da média e alta burguesias.

7. Constância, variações e hierarquia da estrutura linguística

Através dos seus inquéritos, Labov chega às diferenciações sociais mais subtis, o que o inquérito de Martinet não permitia, pois era, em si, uma afinação da análise fonológica elogiada por Troubetzkoy; na medida em que ela integrava no sistema as variações observadas. Coloca-se aqui a questão de saber se, ao afinarmos mais os nossos conceitos e os nossos instrumentos, não chegaremos a diferenciações cada vez mais subtis, até ao ponto em que toda a estrutura global ecluda e em que a noção de sistema perca o seu sentido. Por outras palavras, haverá limites para as variações linguísticas?

Inúmeros factos parecem indicar que assim é. À partida, verificaremos que os inquéritos conseguiram mostrar a variabilidade do sistema fonológico em alguns pontos mas não em todos. Alguns fenómenos da fonologia do francês não foram, de forma alguma, examinados, donde a oposição /p/∼/b/∼/m/ em *poule/boule/moule, pile/bile/mille*, a oposição /i/∼/y/ em *pire/pure, Gilles/Jules*, etc. O par que o investigador determina ao elaborar o seu modelo, apoia-se não só nas hipóteses que ele avança, mas também nas variáveis que escolhe. Se o inquérito de Martinet conduzia, unicamente, a pontos como *poule/boule/moule*, os resultados apresentavam, de forma semelhante, pouco interesse para a determinação das condições sócio-geográficas das variações linguísticas. De igual modo, a análise de fosse qual fosse a unidade fonológica do inglês não levaria o inquérito de Labov às conclusões que se conhecem. Ao proceder à sua escolha por entre as variantes linguísticas, o investigador procura evitar a inclusão no seu inquérito dos factos que emanam de uma estrutura relativamente constante. É a existência destes fenómenos constantes que limita as variações linguísticas e que permite assegurar a comunicação. E é, proporcionalmente a esta constância que, apesar dos progressos da fonologia, os resultados globais dos estudos anteriores permanecem válidos.

Se a intercompreensão depende de graus — um natural de Toulouse compreende melhor um outro

natural de Toulouse do que um de Lîle —, isso deve-se
às variações contínuas da estrutura linguística. O que
parece dever ser modificado na concepção clássica, é
o postulado de sistemas constantes e a rejeição das
variações fora dos sistemas. As estruturas linguísticas
devem ser consideradas como dotadas de variações
inerentes e a função, que lhes está destinada, como
relativa e não como absoluta.
Assim, é possível estabelecer uma hierarquia entre
as partes de uma estrutura. Consideradas sob o ponto
de vista da função da comunicação, são centrais as
partes da estrutura que contribuem, constantemente,
para assegurar esta função. As partes variáveis são,
por conseguinte, marginais, uma vez que só asseguram,
episodicamente, a intercompreensão. Centro e margem
são determinados numa óptica precisa. Nada impede
que o que é marginal sob um ponto de vista, seja central
numa outra óptica. Se a pertinência é mudada e
se os factos de língua forem considerados sob o ponto
de vista da diferenciação social, ou na intenção de
estudar as evoluções em curso, é evidente que são os
fenómenos, que variam de uma fracção de comunidade
para outra, que revestirão o carácter central.

8. Paralelismo psíquico/social

Um dos factores que limitam as variações linguísticas,
é o condicionamento recíproco que o psíquico e
o social exercem nos fenómenos linguísticos. A relação
entre estas duas ordens de factos está bem ilustrada
pelos resultados dos inquéritos fonológicos: são exemplos
disso, o facto de os diversos tipos de juízo intuitivo
sobre os factos de língua terem uma repartição
sócio-geográfica estruturada e, também, de o prestígio
social determinar a reacção linguística dos grupos
sociais.
Outras investigações experimentais parecem esclarecer,
de uma forma completamente nova, o paralelismo
dos aspectos psíquico e social dos fenómenos
linguísticos. Na base destas investigaçõe encontra-se a
ideia de que as diferenças de valor (= os graus de pertinência)
dos elementos de uma língua podem ser,
empiricamente, medidas, não só com base na dimensão
social (comunidade), mas também na dimensão
psíquica (indivíduo [11]). Uma maneira de medir a per-

---

[11] Para as hipóteses e para os resultados parciais destas investigações, ver Mortéza MAHMOUDIAN, «Structure linguistique», JOLI-

tinência dos elementos no psiquismo do indivíduo passa pelo saber até que ponto a intuição, que ele tem, é certa ou hesitante. Pode medir-se a pertinência ao nível social, examinando se os membros de uma comunidade são unânimes — ou estão em total desacordo — em julgar como possível um facto — uma construção sintáctica, por exemplo — e em lhe atribuir um conteúdo semântico. A função de comunicação fundamenta e justifica estas medidas. Se um elemento é de uma percepção imediata por parte do indivíduo e é compreendido por toda a comunidade, a sua contribuição para o estabelecimento da comunicação é maior do que a de um elemento, cuja percepção é difícil por parte do indivíduo, revestindo-se de valores e significações diferentes na comunidade.

Foram feitos questionários, a pedir aos informadores que se pronunciassem sobre a possibilidade (ou a impossibilidade) de algumas construções sintácticas e sobre o significado que lhes reconheciam. Por exemplo, foram-lhe apresentados pares de frases como *c'était une élégante femme/c'était une femme élégante, c'était un vilain homme/c'était un homme vilain, c'était une commune femme/c'était une femme commune*, etc., e foi-lhes pedido que dissessem, em relação a cada par de frases, se eram ambas possíveis, e, caso afirmativo, se elas tinham o mesmo sentido ou dois sentidos diferentes. Outros questionários propostos aos mesmos informadores proporcionaram-lhes a ocasião de empregarem alguns destes adjectivos em anteposição ou em postposição num contexto semântico bem preciso e de julgarem acerca da aceitação de frases, comportando este esquema. Assim, para o adjectivo *rude:*

— emprego: *Admirez son exploit. Il faut être un... homme... pour traverser la Manche à la nage;*
— juízo de aceitação: *Il traverse la Manche à la nage, c'est un homme rude.*

De igual modo, no domínio dos pronomes, é solicitado aos informadores que julguem da aceitação de algumas construções e que identifiquem, nas que são aceitáveis, as funções sintácticas dos pronomes. Para

---

VET; «Aspects de l'expérimentation», Maryse MAHMOUDIAN--RENARD, «Structure et données...», Maryse MAHMOUDIAN & DE SPENGLER, «Constructions pluripronominales», JOLIVET, «La place de l'adjectif», e SCHOCH e DE SPENGLER, «Structure rigoureuse et structure lâche en phonologie».

a identificação das funções foram seguidos dois métodos: por um lado, era-lhes pedido que fornecessem uma ou várias paráfrases de uma frase proposta; por outro lado, eram-lhes propostas paráfrases, com a frase, pedia-se-lhes que escolhessem aquela ou aquelas que correspondiam à frase em causa. Algumas questões foram repetidas com intervalos regulares.

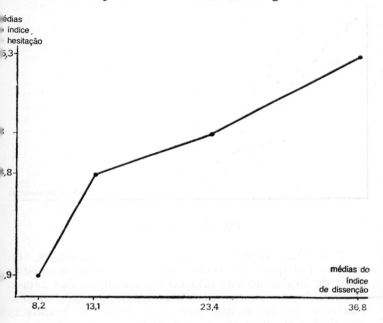

Fig. 3.a — Epíteto

As respostas foram classificadas pelo índice de hesitação crescente e divididas em quatro classes iguais. Para cada classe foram calculadas a média do índice de hesitação individual e a média do índice de dissenção social. O gráfico mostra a correspondência entre as médias assim obtidas.

Exemplo:

— frase: *On me le fait amener*
— paráfrase: A) *Je l'amène*
  B) *On me l'amène*
  C) *Il m'amène.*

Este método foi escolhido para dar aos informadores a ocasião de manifestarem as suas apreensões em relação a alguns factos linguísticos em condições idênticas ou comparáveis. Os resultados destas investigações mostraram:

1.º — variações em todos os domínios escolhidos quer no eixo individual (certeza/hesitação), quer no eixo social (concenso/dissenção);

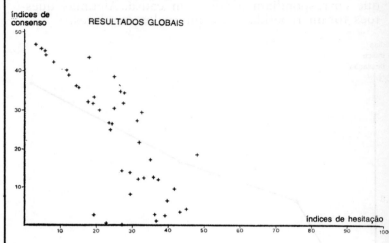

Fig. 4.b — *Pronomes*

2.º — uma repartição desigual das variações, na medida em que o indivíduo não manifestou o mesmo grau de hesitação em relação ao conjunto dos factos submetidos ao exame, nem a comunidade uma dissenção semelhante; o que permitiu situar as respostas recolhidas em dois eixos conforme a sua constância ou a sua flutuação psíquicas (certeza/hesitação) ou sociais (consenso/desacordo);

3.º — um paralelismo entre o eixo consenso/dissenção e o eixo certeza/hesitação. Quer isto dizer, que quando o indivíduo é hesitante, a colectividade está dividida; e as zonas de certeza individual são caracterizadas pelo consenso social. (Ver os gráficos).

O paralelismo entre certeza e consenso (ou hesitação e dissenção) não vai além disto; porque é perfeitamente possível que a certeza corresponda à dissenção máxima. É este o caso que se dá quando uma população está dividida em duas fracções iguais, tendo cada uma delas uma opinião certa, sem hesitação nem flutuação. O inquérito de Labov sobre o significado, em inglês, de *common sense* «bom senso» — ver pág. 173 — leva a resultados que lembram uma tal situação: sobre algumas questões, uma fracção dos inquiridos dá uma resposta diametralmente oposta à da outra. A dissenção era, pois, máxima, sem que tivesse por contrapartida uma hesitação ou flutuação consideráveis. Pegando num exemplo de um domínio completamente diferente, se na França de 1974 se perguntasse aos eleitores se Giscard era o melhor presidente para a França, metade responderia que sim e a outra metade que não; foi isto que as sondagens à opinião pública revelaram. Além disso, mostraram que as respostas não variavam, de forma sensível, de sondagem para sondagem.

De salientar que o inquérito sobre os adjectivos, feito a cerca de 300 informadores naturais de Lausanne, foi repetido em mais de 1200 informadores da região de Angers [12] e levou a resultados análogos. Além disso, um inquérito em fonologia mostrou a existência do mesmo tipo de paralelismo entre a dissenção social (medida pela diversidade das pronúncias de uma unidade pelo conjunto dos informadores) e a hesitação individual (observada através das flutuações nas realizações sucessivas de uma unidade por um mesmo informador).

O que explica este paralelismo é a interacção entre o psíquico e o social nos factos de língua. Estes resultados paralelos deixam prever a possibilidade de serem estabelecidos métodos experimentais para definir as zonas centrais e periféricas da estrutura linguística, tendo em conta o comportamento e a intuição dos sujeitos falantes.

9. Análise do corpus

As variações consideradas nos parágrafos anteriores deste capítulo são extrínsecas, na medida em que os elementos da estrutura linguística se referem a factores que lhes são exteriores, a saber, as suas contrapartidas psíquica e comportamental no indivíduo e na comunidade.

A par destas variações existem outras — intrínsecas —, onde só entram em linha de conta as unidades e as suas relações. Quando se canaliza a atenção para um texto escrito ou para um discurso oral apercebemo-nos que nem todos os elementos — regras e unidades — se comportam da mesma maneira; alguns reaparecem, frequentemente, na cadeia falada, outros,

---

[12] Por Marie-Thérèse LEFÈVRE e outros.

raramente. É, à partida, possível estabelecer uma hierarquia entre os elementos, tendo em conta a frequência.

As descrições de corpus deram muitas vezes ocasião a tais investigações, mesmo quando, na origem, o corpus se destinava a evitar a introspecção e os perigos que ela pode apresentar, pelo facto de a mesma pessoa ser, simultaneamente, informador e descritor. O recurso ao corpus conheceu altos e baixos nos últimos decénios. Considerado como o instrumento indispensável a toda a descrição estrutural, por volta dos anos 40-50, o corpus chamou a si, depois dos anos 40, as censuras da crítica generativa. Apresentaremos, seguidamente, alguns elementos de estudos empíricos para mostrar as possibilidades que a análise do corpus oferece.

A análise de um corpus composto por dois romances [13] mostrou que:

1.º — Alguns elementos são mais frequentes do que outros. Assim, do conjunto deste corpus, sobressaem as percentagens seguintes:

artigo definido: 27%
artigo indefinido: 10%
vários: 2%

2.º — Quando se estabelece uma classificação para estes elementos (segundo a ordem decrescente das frequências, por exemplo), esta classificação é independente dos autores considerados; também é indiferente à oposição «descrição do autor»/«diálogo das personagens», como mostram os números abaixo indicados:

	Diálogos de *Thérèse Desqueyroux* (François Mauriac) (em %*)	Descrição de *La Porte étroite* (André Gide) (em %*)
Art.º def.	22	25
Art.º ind.	11	8
Vários	0,5	0,2

O valor dos dados obtidos a partir do exame de um corpus não se limita a isto. Por um lado, algumas

---
[13] Ver MAHMOUDIAN, *Les Modalités*.

conclusões de um tal exame são válidas, também, para outros corpus. Rémi Jolivet recolheu cerca de trezentas frases de conversas entre colegiais e descreveu a sua sintaxe [14]. Comparou os resultados verificados com base na sua análise com os dos outros estudos, como os de Mahmoudian e de Denise François [15]. As conclusões são surpreendentes: numa parte considerável da estrutura sintáctica os seus resultados correspondem aos dos outros; o que prova que a descrição de um corpus permite prever algumas das propriedades sintácticas de outros materiais realizados na língua.

Uma análise do corpus é uma espécie de experimentação, no sentido estrito do termo. Trata-se de uma experimentação indirecta na medida em que os factos observados não estão directamente relacionados com a sua causa, mas indirectamente, ou seja por recurso a hipóteses intermédias. Se em linguística as estruturas fixadas têm por objectivo levar em conta o comportamento e a intuição do sujeito falante, toda a hierarquização baseada na frequência apela para a hipótese de que o que é frequente no discurso tem um estatuto privilegiado no utente. As experiências indirectas não são nem menos distintas nem menos interessantes; elas correspondem às necessidades da investigação num dado momento da evolução do nosso conhecimento.

10. A dupla dimensão da hierarquia estrutural

Será que existe uma relação entre as variações intrínsecas e as variações extrínsecas? Inúmeros índices levam a pensar que a frequência das unidades não existe sem relação com o seu estatuto numa língua ou o domínio que os utentes têm dela. Sincronicamente, verifica-se que os elementos mais frequentes são os mais rigorosamente estruturados. Assim, todo o francófono é capaz de conjugar o verbo *avoir;* enquanto que poderia ter dúvidas na conjugação de *résoudre,* ou hesitar, emendar-se, ao procurar produzir uma forma ou outra. A razão desta disparidade não são apenas as dificuldades morfológicas; sob este ponto de vista *avoir* é bem mais complicado do que *résoudre.* Deve, a partir de então, reconhecer-se que quanto mais um elemento — como *avoir* — é frequente, mais solidamente consolidada está a sua estrutura no psiquismo

---

[14] JOLIVET, *Descriptions quantifiées.*
[15] Denise FRANÇOIS, *Le Français parlé.*

do indivíduo e da comunidade. Em contrapartida, os elementos raros — tais como *résoudre* — correspondem a uma estrutura lassa: incerta e variável.

A alta ou baixa frequência nem sempre explica o rigor ou a passidão da estrutura. Há verbos muito raros — tais como *cacaber* ou *blatérer* —, cuja conjugação não coloca problemas. Sem conhecer o seu sentido ou a sua utilização, os falantes francófonos podem conjugá-los sem mais hesitações nem dissenções do que aquando de um verbo frequente como *manger*. Também aí, se não podem procurar as causas desta diferença na morfologia mais ou menos complexa, mas sim naquilo a que se chama — na sequência de André Martinet — a integração. Diz-se que uma unidade — como *manger* ou *cacaber* — está bem integrada, se partilhar as suas propriedades — morfológicas, no nosso exemplo — com um grande número de outras unidades. Opostamente, chama-se a uma unidade mal integrada (ou não integrada), quando o número das unidades, com as quais ela partilha as suas propriedades, é limitado (ou nulo).

As variações intrínsecas parecem poder ser caracterizadas pelos dois factores: o da frequência e o da integração. Também parece que a hierarquia intrínseca mantém relações com a hierarquia extrínseca: os elementos frequentes ou integrados estão solidamente estruturados, ao contrário dos elementos de estrutura lassa, que são pouco frequentes ou estão mal integrados. (Ver esquema da fig. 5). Mas, ainda não existem métodos, que permitam reduzir a um denominador comum os dois valores (frequência e integração); o que constituiria o ponto prévio para uma verificação desta hipótese por referência aos aspectos psíquico e social dos factos linguísticos.

Fig. 5 — *Extraída de* Linguistique, 1980 16/1.

11. Contribuição teórica das investigações experimentais

Sendo relativo o nosso conhecimento do objecto, o horizonte da ciência permanece em aberto. Nunca definitivamente demonstrada, uma hipótese científica foi mantida no lugar de outra, por se verificar mais adequada ao objecto, por se aplicar a uma gama mais vasta de factos. É o que ilustra a história do estudo das unidades fónicas da linguagem. Por entre os princípios sobre a origem da fonologia — tal como eles foram enunciados por Troubetzkoy, por exemplo —, encontram-se duas teses: 1.º — as unidades fónicas não são só de natureza puramente física, mas também funcional; 2.º — o sistema das unidades fónicas de uma língua é simples, e comporta um número determinado de elementos constantes (= discretos). Estas teses serviram de ponto de partida para os inquéritos fonológicos cujos resultados confirmaram a primeira tese, mas não a segunda. Chegou a verificar-se que os sujeitos tinham consciência da identidade funcional — na ocorrência, opositiva — dos fonemas e estavam em condições de dizer, se os fonemas que compunham dois significantes, eram ou não os mesmos. Além disso, os informadores mostraram-se aptos a precisar — pelo menos em alguns casos — a natureza fónica das oposições (por exemplo, diferença de timbre ou de comprimento).

Já o mesmo não se passa com a segunda tese; as conclusões que emanam destes resultados de inquérito vão ao encontro do ponto de partida. Se se admite que o francês é uma língua, segue-se, então, que os fonemas do francês são em número determinado e de carácter constante. Porém, se se considerarem os resultados do inquérito, é-se forçado a dizer que os fonemas variam de uma parte da francofonia para a outra e que o seu número não pode ser determinado para língua francesa no seu conjunto; resumidamente, os fonemas não são unidades discretas. Sem dúvida que não são de recusar os resultados do inquérito; porque, então, seria necessário explicar por que milagre os resultados têm uma distribuição estruturada do ponto de vista socio-geográfico e por que é que permanecem relativamente constantes, aquando da repetição da experiência.

É neste vaivém entre hipóteses e dados que podemos descobrir as falhas da nossa concepção do objecto e rectificar, modificar, as nossas hipóteses. No presente caso, o que parece dever mudar é o postulado da descrição das unidades. Acontece que é preciso deixar entregue às investigações empíricas o cuidado de determinar o seu carácter contínuo e discreto. Quer isto dizer que não é nem necessário, nem útil, substituir o postulado de unidades discretas por um outro postulado (o de unidades contínuas, por exemplo). A *priori*, não está excluída a hipótese de existência das unidades discretas. Se foram levados a cabo inquéritos, com vista a verificar a identidade fonológica de /p, b, m/ em contextos como *pure, bure, mûre*, na região parisiense, foi porque havia fortes hipóteses de a descrição ser confirmada, pelo menos com uma aproximação razoável.

Enquanto a fonologia se interessava pelas zonas centrais do sistema das unidades fónicas, a hipótese de descrição era relativamente adequada. Porque, por fim, mesmo num sistema tão variável como o das vogais francesas, existe um nó central — composto pelos arquifonemas /I, E, A, Y, Œ, U, O/ [16] —, que asseguram a intercompreensão entre as fracções da francofonia. Nesta zona, as variações são tão ínfimas, que as unidades podem ser concebidas como praticamente discretas. Se as descrições fonológicas «clássicas», na época da escola de Praga, eram possíveis e críveis, é porque o objecto da fonologia estava definido de forma a só reter os elementos constantes, com exclusão dos elementos variáveis; e, nesta zona central — partindo do princípio da interacção do psíquico e do social —, a intuição de um indivíduo basta, para dar uma imagem bastante fiel do sistema. A existência de zonas de transição entre centro e franjas excêntricas torna difícil a delimitação saussuriana da «língua»; e era aí que uma descrição fonológica «clássica» levantava problemas, porque opunha a intuição de um à de um outro. (Diga-se de passagem, que é aí que reside a razão de ser dos inquéritos fonológicos, que visavam pôr em evidência o sistema fonológico de uma língua e não verificar o valor dos princípios da fonologia.)

Assim, as investigações experimentais, ao mostrarem a contradição interna da teoria fonológica, conduzem a uma concepção mais adequada das unidades, a qual não exclui os elementos fónicos dotados de função distintiva, mesmo que limitada, se esta só tiver validade para uma parte da comunidade. Com esta

---

[16] Ver A. MARTINET, *Éléments*.

modificação, a teoria fonológica ganha em generalidade, por não se limitar aos factos relevantes das zonas centrais da estrutura linguística.

As investigações experimentais têm os seus limites. Nem todos os domínios se prestam a tal e não se pode — com os instrumentos e as técnicas disponíveis — verificar cada hipótese. O facto de a maior parte dos exemplos serem tirados da fonologia, não se dá por acaso; por entre as estruturas linguísticas, ela é aquela onde abundam os inquéritos e as investigações. Existem poucos estudos empíricos em sintaxe e em semântica. Também faltam, grandemente, os estudos do estilo da enunciação, neste sentido. Esta disparidade está, sem dúvida, ligada à natureza dos domínios; a fonologia, que comporta algumas dezenas de unidades e está dotada de uma estrutura mais rigorosa, relativamente aos outros sistemas de uma língua, é a que melhor se presta a este tipo de investigações. O grande número das variáveis e a lassidão da estrutura, que caracterizam o enunciado, por exemplo, constituem sérias dificuldades. Pode esperar-se que os progressos futuros abram mais domínios à experimentação.

12. Problemas técnicos da experimentação

O domínio das investigações empíricas é muito vasto. A exposição anterior só comporta alguns exemplos escolhidos nos domínios fonológico e sintáctico. Foram escolhidos, precisamente, para se mostrar que é possível estabelecer estruturas a partir do exame dos materiais linguísticos e hierarquizar estas estruturas, relacionando-as com a intuição e com o comportamento dos utentes. A partir do momento em que se formulam hipóteses até ao momento em que se tiram as conclusões da experiência, o investigador deve confrontar-se com problemas técnicos referentes aos materiais a recolher, à técnica de recolha, ao tratamento dos dados e à interpretação dos resultados. Assim, tem de se decidir quanto ao nível da língua, falada ou escrita, região geográfica, classe social, grupo de idade, discurso espontâneo ou materiais solicitados (por questionário), modelo estatístico, eventualmente programa de computador e isto para mais não citar. Todas estas questões técnicas têm a sua pertinência, podem influenciar os resultados da investigação; mas não as podemos tratar aqui em pormenor, limitando-nos, como ilustração, ao exame do problema «corpus ou questionário?»

É evidente, que um registo de discurso espontâneo não fornece materiais idênticos em todos os pontos aos que seriam recolhidos num inquérito. Assim, o discurso espontâneo tem fortes hipóteses de não passar pelas distorsões, que as condições de inquérito imporiam; há, pois, o inconveniente de não reflectir todas as hesitações e incertezas, ocultando, assim, uma das dimensões de variação. Além disso, o inquérito pode ser orientado para uma zona qualquer — a mais central ou a mais marginal — do sistema, ao passo que um corpus de medida razoável só descobre poucas ocorrências de um facto marginal (tal como nos tempos ditos «duplamente compostos»: *j'ai eu fini*). Por isto mesmo, o corpus não forneceria materiais suficientes para o estudo das zonas marginais. O recurso ao questionário, pelo contrário, permite suprir esta lacuna; mas contém em si um paradoxo: por um lado, é por entre as técnicas disponíveis, a mais adequada para as zonas periféricas da estrutura linguística; por outro, corre o risco de modificar o comportamento do objecto tanto mais quanto se tratar de zonas, onde o sujeito — cheio de incertezas — é muito influenciável. Este paradoxo não é específico da linguística. A sonda, que é introduzida num organismo vivo, corre o risco de modificar o seu comportamento. Ou ainda, quando, em física, se observam as partículas sob a luz, corre-se o mesmo risco; são fotões que se projectam sobre outras partículas. Sem dúvida, que a solução não é abandonar as técnicas de observação, mas sim procurar medir as distorsões que se geram. Sob este ponto de vista, o inquérito de Labov sobre a pronúncia nova-iorquina é sugestivo, quer para pôr em evidência esta distorsão, ou modificação, quer para a medida, que é proposta. (De salientar que os termos distorsão e modificação são pouco adequados, uma vez que as reacções manifestadas nas condições de inquérito são parte integrante da realidade psicossocial da linguagem.)

No que respeita às limitações do corpus, convém salientar que o tratamento dos dados pelo computador permite aumentar, consideravelmente, a medida do corpus; e não é de todo proibido pensar que, por este facto, o corpus poderia descobrir dados suficientes sobre as zonas de estrutura linguística de que, até então, não podia ser representativo.

De tudo isto, gostaríamos de concluir que, primeiro, a questão «corpus ou inquérito?» não é uma questão de teoria, mas de modelo; depois, que ela não representa uma alternativa à escolha embaraçosa, uma vez que as duas ordens de dados podem ser complementares; depois ainda, que o corpus e o questionário só fornecem dados parciais, que não são, necessariamente, homogéneos, colocando-se, pois, da mesma maneira e em ambos os casos, os problemas de generalização e de hierarquização; finalmente, que o corpus reenvia, essencialmente, à dimensão intrínseca. Se os fenómenos frequentes num corpus são considerados como centrais e quase comuns a todos os membros da comunidade, é em virtude da hipótese que o linguista emite; hipótese essa plausível, mas que — rigorosamente falando — só terá o estatuto de aquisição linguística no seguimento da sua confrontação com os dados. (Subscrevemos esta hipótese, sugerindo um processo de experimentação.) É assim que se completam diversas técnicas de recolha de materiais como o corpus e o questionário.

13. Condições requeridas para as investigações empíricas

Para que as investigações experimentais sejam possíveis, são requeridas algumas condições, no que respeita ao quadro teórico onde elas se inserem. É evidente que, isolada, uma experiência se pode prestar a várias interpretações e dela podem ser tiradas diferentes conclusões. Testemunho disso é a famosa experiência através da qual se pega na sequência fónica espanhola [tš] (ortografiada *ch*) e se pede a um hispanófono o número de «sons» que ele distingue aquando da sua audição. Verifica-se que o informador só encontra um som em [tš], mas dois, se se lhe fizer ouvir a mesma sequência no sentido inverso, ou seja, [št]. O fonético do século XIX concluiria desta experiência, que o sujeito não tem consciência dos elementos fónicos da sua língua; enquanto o fonólogo de hoje, longe de pôr em causa a intuição do hispanófono, veria nisso a prova de que as unidades linguísticas não são elementos puramente físicos, mas entidades funcionais.

No capítulo da sintaxe, pág. 132, dissemos que alguns quadros teóricos não satisfaziam as exigências de uma verificação empírica; tal era o caso da glossemática de Hjelmslev e da gramática generativa de Chomsky. A glossemática durou pouco tempo e não se sabe qual o seguimento que ela teria tido, face às aplicações. No que diz respeito à gramática generativa transformacional, ela levou a estudos experimentais, como as investigações de Labov [17], de que já falámos, as de Sankoff [18], de Bickerton [19], etc., e a um outro nível às de Lakoff [20], de Ross [21], etc. (ainda que estas últimas se tenham debruçado sobre o aspecto intrínseco da estrutura linguística, mais precisamente, sobre aquilo a que chamámos integração; com efeito, eles procuravam evidenciar em que medida o campo de aplicação de uma regra corresponde — em parte ou no todo — ao de uma ou de várias outras regras; donde o nome de *Correspondance Grammar*). Todos estes trabalhos se baseiam em versões modificadas da gramática generativa transformacional. Rejeitam todos a distinção que Chomsky [22] faz entre competência e «performance», uma vez que uma verificação das hipóteses relativas à estrutura subjacente — que é a competência — só é possível se se definir uma via de acesso que permita a observação desta estrutura. Ora, se se situar competência e «performance» em dois mundos separados, se não se reconhecer aos factos observáveis (= «performance») nenhuma representatividade da estrutura subjacente, cria-se um impasse na experimentação; tanto mais que a versão ortodoxa da gramática generativa transformacional recusa a intuição do sujeito falante como critério. Os linguistas ficam, assim, reduzidos ao recurso à sua própria intuição. A cada um a sua verdade: partindo dos seus próprios dados, cada um lhes dá a sua interpretação, firma a sua teoria. O abandono da separação competência/«performance» leva a que seja concebida uma ligação verificável, de natureza estatística, entre dados e estrutura.

De igual modo, a dualidade estrutura profunda/estrutura de superfície constituía um obstáculo a toda a tentativa de pesquisa empírica. Os limites imprecisos entre o nível de superfície e o nível profundo abriam caminho a todo o tipo de soluções *ad hoc*. Se as diferenças de forma não servem como critério de distinção entre categorias, cada descritor terá toda a liberdade para postular categorias segundo a sua intuição, e para repartir os factos observados por estas categorias.

---

[17] Ver LABOV, *Sociolinguistique*.
[18] CEDERGREN & SANKOFF, «Variable Rules».
[19] BICKERTON, «Inherent Variation».
[20] LAKOFF, «Hedges»; ver também «Fuzzy Grammar».
[21] ROSS, «A Fake NP Squish», bem como *The Category Squish*.
[22] CHOMSKY, *Topics*, pp. 35 e ss.

Porém, se se quiserem procurar os mecanismos segundo os quais o sujeito ordena os elementos nas categorias, ou apreende os enunciados, é preciso que alguns princípios sejam admitidos. Por exemplo, é preciso reconhecer que os sujeitos percebem e distinguem os enunciados pelos índices e que estes índices constituem, portanto, os critérios de identificação das categorias (mesmo que seja possível que em alguns limites as categorias permaneçam distintas, apesar da ausência de diferença formal). É assim que se pode esclarecer o difícil problema da conjunção copulativa no falar dos Negros nova-iorquinos (Labov) ou elucidar as diferentes fases do processo de crioulização (Bickerton). Assim procedendo, Labov[23] e Bickerton[24], com a sua terminologia generativista e Andrée Tabouret-Keller[25] (no seu estudo sobre o plurilinguismo em Belize) seguem princípios e métodos muito próximos.

Notar-se-á que, ao levar a cabo estudos empíricos, os generativistas puderam recorrer ao instrumento estatístico e levantar a proibição, que lhe estava aplicada pela concepção chomskiana da estrutura linguística. Concluir-se-á que as investigações experimentais exercem uma influência sobre os princípios teóricos, não só pelos resultados a que conduzem, mas também pelas condições que requerem para a sua realização.

---

[23] ver LABOV, op. cit.
[24] ver BICKERTON, op. cit.
[25] TABOURET-KELLER, «Le Jeu varie de l'expression linguistique».

7. SEMÂNTICA

1. Necessidade do estudo do significado

Se o estudo da linguagem visa evidenciar os mecanismos da intercompreensão, é incompleto na medida em que não descreveu, de forma adequada, a face significada dos signos linguísticos (seja qual for a sua extensão: monemas, frases, discurso). Na melhor das hipóteses, as descrições fonológicas e sintácticas podem informar-nos sobre as unidades fónicas, de que uma língua dispõe, as restrições, a que se submete a reunião destas unidades [1]. Elas podem pôr-nos a descoberto o inventário das unidades significativas, as regras da sua reunião e as relações que estas últimas contraem. O problema do significado continua por resolver. Tomemos as seguintes frases:

1) Le maître applaudit ses élèves.
2) L'élève applaudit ses maîtres.
3) Le maître punit ses élèves [2].

A descrição sintáctica indica-nos o número das unidades significativas mínimas que estas frases compor-

---

[1] Porque as descrições fonológicas e sintácticas se baseiam em pressupostos semânticos. O que nos permite identificar os fonemas / p, b, m, / é a comparação de *pain, bain, main*, que têm sentidos diferentes. Ora, a diferença de sentidos é intuitivamente percebida e não evidenciada segundo um processo de análise semântica; é um pressuposto e não uma aquisição de um estudo científico. Tais pressupostos — se bem que muito tangíveis e indispensáveis à conduta em análise — devem ser considerados como hipóteses provisórias cuja validade poderá ser verificada e cujas consequências podem ser medidas. Isto é válido para a descrição sintáctica, que recorre, numa mais larga medida, aos pressupostos semânticos.

[2] 1) O professor elogia os seus alunos. 2) o aluno elogia os seus professores. 3) O professor pune os seus alunos. *(N. da T.)*

tam e precisa as relações que elas mantêm entre si. Deste modo, saber-se-á que *maître* e *élève* são, respectivamente, sujeito e objecto em 1) e 3), que o seu papel é invertido em 2), que *maître* é determinado pela modalidade «singular» em 1), mas acompanhado pelo monema «plural» em 2), e assim por diante. Nada indica a diferença que opõe «applaudit» e «punit» na sua significação; diferença que faz com que 1) e 3) tenham sentidos diferentes, que sejam, portanto, frases diferentes. O mesmo se passa com a diferença semântica entre *maître* e *élève*, donde resulta a diferença entre as frases 1) e 2). E é isto o que, na melhor das hipóteses, o estudo sintáctico pode fazer, porque os factos de significados intervêm na identificação, quer dos monemas, quer das funções.

2. O âmbito do contexto

A pertinência e o interesse do estudo semântico são demasiado evidentes para que tenham podido escapar aos linguistas, desde os primórdios do estruturalismo. Estes, os estruturalistas, procuravam, no entanto, manter a aproximação da semântica por vias indirectas, tendo em conta as dificuldades que a análise semântica apresentava, tal como os distribucionalistas que, sem negarem a existência da significação na linguagem, não encontravam justificação para o facto de ela ser considerada como parte integrante do objecto da linguística. A partir daí, o sentido de um elemento será estudado em função da distribuição; por outras palavras, será reduzido às indicações que as suas propriedades combinatórias nos poderiam fornecer: os contextos onde este elemento pode aparecer, os contextos donde ele está excluído, os elementos que podem com ele comutar, etc.

É evidente que as indicações combinatórias contribuem para precisar o sentido dos elementos; e testemunham-no as definições do dicionário. Mas as propriedades combinatórias não bastam por si só para estabelecer o sentido de uma unidade. Consideremos a seguinte frase:

— est un arbre ou arbrisseau du climat méditerranéen, à feuilles lobées, aux fleurs attachés à la paroi interne d'un réceptacle charnu piriforme qui, aprés fécondation, porte fruit [3].

---

[3] tradução portuguesa: — é uma árvore ou arbusto de clima mediterrânico, com folhas lobadas, flores ligadas à parede de um

Eis um exemplo de contextos, onde podem figurar um termo e as combinações, que ele admite. Esta definição permite compreender, que se trata de uma planta (com flores, com frutos, deste ou daquele clima, etc.), mas é pouco provável que o meu interlocutor compreenda que se trata de uma *figueira*, a menos que se tenha interessado pela botânica ou por esta planta em particular. De salientar que o termo pode aparecer, também, noutros contextos; mas estes não lhe são específicos. Assim:

Le maçon a cassé mon ——;
Il n'arrose pas ses ——;
Le —— du jardin donne des fruits délicieux [4].

Nestes contextos pode aparecer um termo qualquer a designar uma planta ou uma árvore de fruto. Permanece o contexto que constitui uma definição quase tautológica da figueira, como

— *est un arbre qui donne des figues* [5];

voltaremos, mais adiante, a este assunto.

Outro exemplo, o domínio das colocações (contextos, ou ainda, combinações) interessou a Georges Mounin que se propôs abordar de perto a noção de sistema dada por Antoine Meillet, conforme os empregos do termo nos dois volumes da *Linguistique historique et linguistique générale* [6]. Traremos para aqui duas das conclusões a que este estudo chega, dada a sua pertinência para a discussão que aqui nos interessa levar a cabo: 1.º — mesmo num corpus vasto, os contextos que podem fornecer elementos para uma definição — ainda que incompleta — são raros; só 18 das 220 ocorrências de *sistema* contêm informações interessantes para este ponto de vista; 2.º — dadas a tradição e a situação histórica, a definição de um termo pode não ressaltar dos empregos que dele faz um autor. Daí que o corpus deva ser alargado para englobar as utilizações da palavra *sistema* no vocabulário técnico dos filósofos, dos matemáticos e dos lin-

---

receptáculo carnudo e piriforme, que, após fecundação, possui dentro de si um fruto. *(N. da T.)*
[4] tradução portuguesa: — O pedreiro partiu o meu ——;
— Ele não rega os seus ——; — O —— do jardim dá frutos deliciosos. *(N. da T.)*
[5] é uma árvore que dá figos. *(N. da T.)*
[6] Ver MOUNIN, *Clefs pour la sémantique*, pp. 78-95.

guistas. Assim, para definir o conteúdo do termo *sistema* em Meillet, Mounin é levado a tomar em conta as preocupações daquele, a sua concepção de sincronia e de diacronia, as suas relações com o pensamento saussuriano; o que leva o estudo bem para além dos limites do corpus. É-se mesmo forçado a admitir, com ele, que «a análise contextual não é decisiva» (p. 95).

3. Os campos semânticos

Uma forma de separar os traços pertinentes semânticos consiste em opor o conteúdo de um termo ao dos outros e em salientar os traços diferenciadores. Um tal processo provém da concepção de uma língua como um sistema; além disso, lembra o processo utilizado em fonologia para separar os traços pertinentes do fonema. Com efeito, para identificar [p], procede-se à sua oposição a [b], o que prova a pertinência da diferença surda [p] / sonora [b]; seguidamente, é oposto a [m], o que realça a pertinência da diferença oral [p] / nasal [m]; e assim por diante.

Partindo do princípio de que o número dos monemas de uma língua é muito elevado, torna-se fastidioso aproximar — do ponto de vista do seu conteúdo — um monema de todos os outros monemas (ou mesmo de todos os monemas da mesma classe, por exemplo um substantivo francês dos outros, que são milhares de substantivos). Isso seria de uma complexidade tal que o resultado não corresponderia, na verdade, à realidade linguística. Daí a hipótese de o léxico estar organizado em sistemas parciais — os chamados campos semânticos —, no seio dos quais os monemas estão ligados entre si por relações de oposição. Esta hipótese é sedutora, porque, para delimitar o sentido de *cheval*, seria manifestamente pouco interessante compará-lo com o de *montagne*, de *phosphore*, de *pont*, e de *démocratie*, em compensação, poderia ser concludente tomar como termos de comparação *lapin*, *mouton*, *mulet*, *poulain*, etc. Foram efectuadas investigações neste sentido, que levaram a resultados, cujo alcance teórico nos incita a levar isso em conta. Referimo-nos, aqui, ao estudo de Georges Mounin sobre a denominação dos animais domésticos; para delimitar o campo, o estudo desenrola-se em três etapas. Numa primeira, o estudo é limitado aos dados formais linguísticos e conduz ao campo (derivacional) que cobre o conjunto das palavras derivados do nome específico;

exemplo: *âne, ânon, ânesse, ânière*[7] ou *cheval, chevalin*[8]. Os resultados apresentam lacunas consideráveis; assim, para os seis derivados encontrados (fêmea, jovem, parideira, guardião específico, derivação adjectival e local de criação), cada um dos nomes de espécie apresenta de dois a quatro casos vazios. Ou ainda, face aos quatro termos para *âne*, só há dois para *cheval*. Quer isto dizer que, se nos limitássemos a salientar os traços semânticos evidenciados pelo campo derivacional, nos escapariam as oposições como *cheval/jument*, o que mostra os limites do estudo do sentido feito segundo as latitudes combinatórias (aqui limitadas às propriedades derivacionais). Na fase seguinte, o campo é alargado, para integrar os termos — não derivacionais — que cobrem o campo zoológico; assim, *étalon, jument, poulain*[9], etc., vêm juntar-se aos termos relativos à espécie cavalar. Numa terceira fase, diversos traços zootécnicos completam o vocabulário dos animais domésticos. (Ver o quadro que reúne estes resultados).

Verifica-se que a análise em traços pertinentes de sentido, mesmo no quadro de um determinado campo, se não processa facilmente. Por um lado, a delimitação do campo implica escolhas que nem sempre são evidentes, o que leva a colocar a seguinte questão: «Será que esta estruturação proposta para o léxico não passa de um arranjo cómodo, artificial, pontual? Ou será que ela reflecte a tentativa realmente efectuada pelo espírito para além da escolha feita pelo falante[10]?» Por outro lado, nem todos os traços provêm da mesma ordem de considerações; e isto prova, de facto, as ligações existentes entre o significado linguístico e a realidade extra-linguística. Esta realidade pode ser de ordem biológica; assim, a ausência de um termo específico para o pretendido poderia dever-se ao facto de este só comportar um termo novo. É uma realidade de ordem cultural, quando a ausência do termo específico não se explica por um tal factor biológico.

---

[7] tradução portuguesa: burro, burrito, burra, burriqueira. *(N. da T.)*
[8] tradução portuguesa: cavalo, cavalar. *(N. da T.)*
[9] tradução portuguesa: garanhão, égua, potro. *(N. da T.)*
[10] MOUNIN, *op. cit.*, p. 126.

O campo semântico dos animais domésticos *

Nome específico	ANE	CHE-VAL	MU-LET	BŒUF	CHÈ-VRE	MOUTON	PORC/CO-CHON	CHIEN	CHAT	LAPIN	CA-NARD	DIN-DON	OIE	PIGEON	PINTADE	POULE
Macho	âne	*étalon*	mulet	*taureau*	*bouc*	*bélier*	*verrat*	chien	chat	lapin	canard	dindon	jars	pigeon		coq
Macho capado		HON-GRE		BOEUF		MOUTON			CHAT COUPÉ	LAPIN: TAILLÉ COUPÉ						chapon
Fêmea	ânesse	*jument*	mule	*vache*	chèvre	*brebis*	*truie*	chienne	chatte	lapine	cane	dinde	oie	pigeon-ne	pintade	poule
Jovem	Anon	*poulain*		*veau*	che-vreau	*agneau*	porcelet cochon-net pour-ceau **	chiot	chaton	lapereau	caneton	dindon-neau	oison	pigeon-neau	pintadeau pintadon	poulet
o mais novo						AGNELET										POUSSIN
Jovem macho				TAU-RILLON BOU-VILLON												COCHET COQUELET
Jovem fêmea		POU-LICHE		GÉNIS-SE		AGNELLE					CA-NETTE					POULETTE POULARDE
Ninhada							cachon-née	*portée*	*portée*	*portée* nich eé	*couvée*	*couvée*	*couvée*	*couvée*	*couvée*	*couvée*
Parto		*pou-liner*		*vêler*	che-vreter	*agneler*	cochon-ner	chien-ner	cha-tonner	lapiner						

* Extraída de MOUNIN, *Clefs pour la sémantique*, pp. 156-157.
** Todas as vezes que um caso comporta vários termos, a análise em traços semanticamente pertinentes deveria ser conduzida para além do presente quadro, por exemplo: *porcherie* (carácter industrial), *cochonnier* (meridionalismo), etc.
NOTA — Em romano, estão os termos provenientes do quadro I (campo derivacional).
Em itálico, estão os termos provenientes do quadro II (campo obtido pelos traços zoológicos).

Nome específico	BURRO	CAVA-LO	MULO	BOI	CABRA	CARNEI-RO	PORCO/SUÍNO	CÃO	GATO	COELHO	PATO	PERU	GANSO	POMBO	PIN-TADA	GALINHA
Macho	burro	*garanhão*	mulo	*touro*	*bode*	carneiro	*varrão*	cão	gato	coelho	pato	peru	ganso	pombo		galo
Macho capado		CAPÃO		BOI		CARNEI-RO			GATO CAPADO	COELHO: TALHADO CAPADO						CAPÃO
Fêmea	burra	*égua*	mula	*vaca*	cabra	ovelha	*porca*	cadela	gata	coelha	pata	perua	gansa	pomba	pintada	galinha
Jovem	Burrito	*potro*		bezerro	cabrito	Cordeiro	bácoro porco pequeno cerdo	cãozito	gatinho	láparo	patinho	peru-zinho	ganso pequeno	borracho	pintada nova	pinto
o mais novo						CORDEI-RINHO										PINTAI-NHO
Jovem macho				NOVI-LHO VITE-LO												FRANGO
Jovem fêmea		POL-DRA		VITE-LA		COR-DEIRO					PATINHA					FRANGA-NITA FRANGA
Gravidez (ninhada)							barri-gada	*ninhada*	*ninhada*	ninhada	*choca*	*choca*	*choca*	*choca*	*choca*	*choca*
Parto		*ter uma cria*		*parir*	parir	*parir*	parir	parir	ter gatinhos	parir						

NOTA DO TRADUTOR: O original, em francês, foi extraído da obra de MOUNIN, *Clefs pour la sémantique*, pp. 156-157: por razões de facilidade de compreensão, pareceu conveniente proceder à sua tradução, apesar de, em português, os termos não variarem, por vezes, tanto como em francês.

4. Estrutura semântica e estrutura fonológica

Quando as características combinatórias não são suficientes, a identificação do sentido deve tirar partido de outras fontes, fazer intervir outros factores (tais como substância semântica, experiência extra-linguística, etc.). Porém, o recurso a estes factores parece ter desagradado aos estruturalistas que viam neles o perigo de um automismo que ia ao encontro do próprio conceito de estrutura linguística.

Parece que estas reticências tinham a sua origem no facto de a fonologia — considerada como a estrutura por excelência, ou seja, dotada de unidades discretas formando um sistema formal — servir de modelo a toda a tentativa de descrição e de estruturação do significado. Hoje em dia, elas não têm nenhuma razão de ser; por um lado, porque a fonologia já não é considerada como sistema formal, mas sim relativo e, por outro, porque a simetria (ou o isomorfismo) entre fonologia e semântica já não é mantida. A consequência do carácter relativo da estrutura linguística é que nela não se podem fixar regras absolutas nem separar unidades, em número estritamente determinado. Por outras palavras, as unidades são determinadas estatisticamente e em função do grau da sua pertinência na população considerada, portanto, com uma certa aproximação. Quando se muda de população modifica-se, ao mesmo tempo, a configuração do sistema que se separa. Este não será o mesmo para um burguês de Paris e para um operário de Saint-Denis. Quando se estabelece um sistema fonológico médio — da região parisiense, por exemplo —, é por meio de uma aproximação, que a tal se chega. Esta aproximação — se for legítima — encontra a sua justificação no facto de a comunicação, que assegura a estrutura, ser relativa. A partir daí, a expectativa daqueles que — Hjelmslev ou Chomsky — atribuiam à semântica a tarefa de separar uma estrutura constante, que tem como elementos últimos (traços pertinentes semânticos, primitivos, morfemas, etc., segundo a terminologia) um número limitado de constituintes, mais não poderia ser do que enganada.

5. Haverá isomorfismo entre significante e significado?

É-se hoje levado a pensar que o isomorfismo entre a organização do significante e a do significado não passa de uma hipótese gratuita. Mas a hipótese contrária também é, pelo menos, — senão mais verosímil. Por fim, o número restrito dos fonemas é, pelo menos, justificável por dois factos. O primeiro, é que as unidades fónicas de uma língua estão limitadas, no que se refere à substância, pelos limites fisiológicos da emissão e da percepção dos elementos sonoros. O segundo, reenvia para o aspecto funcional: se uma língua tem como tarefa assegurar a intercompreensão de âmbito universal e se, para tal efeito, ela deve ser dotada de uma organização económica, as conclusões que daí se tiram, não são as mesmas para o significante e para o significado. Ao nível do significante, é necessário que as unidades fónicas permitam constituir um número muito elevado (talvez infinito) de significantes distintos para os enunciados. Nada há de anormal nem de raro, quando uma parte das fontes da substância fónica está inteiramente por explorar numa língua; mas já o mesmo não se passa no plano do significado: uma língua é, por definição, suposta cobrir todos os domínios da experiência. O significado tem, a partir de então, hipóteses de possuir um sistema aberto. Em todo o caso, parece preferível procurar ter em conta as investigações pontuais, locais, do significado, de forma a abordar, o mais próximo possível, a intuição e o comportamento do sujeito falante. Será sempre possível examinar qual o quadro mais adequado a este fim: estrutura formal ou estrutura estatística (hierarquizada e relativa).

Gostaríamos de insistir num ponto: a concepção relativa da estrutura semântica é, ao mesmo tempo, uma recusa das certezas dos que acreditavam num sistema semelhante ao da fonologia e numa resposta às inquietações dos que nele não acreditavam, baseando-se na constatação dos domínios fonológico ou sintáctico, por um lado, e semântico, pelo outro. Em suma, há estrutura em semântica, mas é menos rigorosa (ou mais fluida, como diria Granger [11]) do que em fonologia.

6. A análise em traços pertinentes

Para ilustrar esta lassidão, tomemos um exemplo clássico da análise, aquela que consiste em relevar por entre as propriedades semânticas de um monema as que são pertinentes. Assim, Hjelmslev propõe que se

---

[11] GRANGER, *Essai d'une philosophie du style*, p. 168.

analise *égua*[12] em «cavalar», «fêmea», «adulto». De igual modo, «filha» seria analisada em «humano», «feminino», «não adulto». As análises propostas, no quadro da gramática generativa transformacional, seguem, praticamente, os mesmos princípios: o adjectivo «morto» seria equivalente a «não vivo», o verbo «morrer» seria analisado como «tornar-se não vivo» e o verbo «matar» como «tornar não vivo (ou causar a morte de)».

Este género de análise levanta dois tipos de questões: 1.ª — em que medida é que uma tal descrição é adequada? e 2.ª — o que é que justifica a escolha dos elementos últimos («primitivos» ou «traços pertinentes»)?

No que respeita à adequação da análise, há contra-exemplos que mostram que estas análises não cobrem todos os empregos do termo e, portanto, não são gerais. Assim, a palavra *égua* pode ser empregue em referência a uma mulher (ex.: *Pierrette est une jument poulinière*[13]); de igual modo, o monema *filha* é empregue no caso dos animais *(ce chaton est la fille de Minou*[14]*)*. Isto prova que os traços «humano» e «não humano» não têm validade em todos os empregos dos monemas considerados. O contra-exemplo avançado — nas discussões entre generativistas[15] — para a análise de «matar» é pitoresca: imaginemos uma cena do Far West, em que há um duelo entre o xerife e um fora-da-lei. Para se assegurar do bom funcionamento da sua pistola, o xerife manda o armeiro verificar a sua arma, o qual, cúmplice do fora-de-lei, a desregula. O xerife deixa-se matar devido ao mau funcionamento da sua pistola. Nestas circunstâncias, foi o armeiro que causou a morte ao xerife, mas foi o fora-da-lei que o matou. Quer isto dizer que «matar» não equivale, em todos os seus empregos, a «causar a morte».

7. Os limites da análise em traços

Durante a maior parte do tempo, os defensores deste tipo de análise mantêm, ao mesmo tempo, o

---

[12] Os significados estão indicados entre aspas: «filha» reenvia, portanto, para o significado do monema filha.
[13] tradução portuguesa: Pierrette é uma égua de cria. *(N. da T.)*
[14] tradução portuguesa: esta gatinha é a filha de Minou. *(N. da T.)*
[15] Ver McCAWLEY, («Lexical Insertion») e LAKOFF, *(Irregularity in Syntax)*, que defendem que *kill* «matar» equivale a «cause to become non alive» «tornar não vivo», enquanto que KATZ («Interpretative Semantics») recusa esta análise.

quadro teórico e a aplicação que para ele propõem, o que complica o debate. Ora, estas análises inserem-se num quadro onde a estrutura é considerada como homogénea; as objecções acima indicadas bastam para as anular. Se, pelo contrário, se continuam a manter estas aplicações de análise semântica, então será conveniente reconsiderar os princípios de partida no que respeita à constância e à homogeneidade da estrutura.

Se se opta por uma concepção não absoluta, mas relativa, da estrutura semântica, as análises concorrentes poderão ser comparadas sob o ponto de vista da sua adequação e da sua generalidade; e essas propriedades poderão ser avaliadas empiricamente. Acrescentemos que alguns dos argumentos que os defensores destas análises evocam, vão neste sentido. Alguns fazem mesmo valer que os contra-exemplos provêm de uma utilização metafórica; mas seria, então, necessário que a metáfora fosse identificada de forma objectiva, com base em critérios que não dependam, unicamente, da intuição do descritor. Ou ainda, os contra-exemplos são qualificados de «enunciados contraditórios»; porém, o carácter contraditório é definido por recurso aos traços retidos na análise. Quando se propõe analisar «rapaz» e «rapariga» em traços semânticos binários como «macho», «fêmea», avança-se a hipótese de que o falante ao escolher um exclui o outro. Nada há, pois, de surpreendente quando enunciados, como *ton frère est une fille* [16], são considerados como contraditórios, anormais, etc. Por outras palavras, o carácter contraditório do enunciado provém — neste âmbito — da própria hipótese e não pode, em caso algum, servir de argumento para a confirmar.

Os carácteres metafórico e contraditório poderiam servir de critérios para criar a separação entre diferentes tipos de enunciados, se eles fossem medidos relativamente ao que deles fazem e pensam os sujeitos falantes; isto abriria a via a uma dimensão estatística.

8. A escolha dos traços pertinentes

O segundo problema que uma tal análise levanta, diz respeito à escolha, que o descritor faz, por entre as propriedades semânticas da unidade considerada, para, depois, só reter algumas delas como pertinentes (ou como características definitórias). Não está em

---

[16] tradução portuguesa: o teu irmão é uma rapariga. *(N. da T.)*

causa a necessidade de uma tal escolha; e isto, porque as propriedades semânticas são demasiado numerosas, para que sejam todas mantidas numa descrição (ou definição). Aliás, este tri e a abstracção que se segue, constituem a condição própria de toda a estruturação. A questão está em saber porque é que se devem manter estes ou aqueles traços semânticos, em vez de outros.

Retomemos o exemplo da «figueira». Os traços retidos na definição (tirada de um pormenor do *Petit Robert*) conduzem ao conhecimento do seu tamanho (árvore ou arbusto), do clima, do tipo de folha e de flor, e precisam que se trata de uma árvore de fruto. São, assim, deixadas de lado inúmeras possibilidades: a cor das folhas, a duração da floração, as qualidades estéticas e olfactivas das flores, as características do bosque, etc. A modificação, que fizemos na definição, consiste em substituir *donne la figue*[17] por *porte fruit*[18]; uma vez que a menção de *figo* é — segundo pensamos — importante, pois a sua supressão torna rica em implicações a definição obscura. A escolha das propriedades indicadas no dicionário está, sem dúvida, justificada sob o ponto de vista da botânica; mas a definição linguística do signo «figueira» é uma coisa, a definição botânica da planta é outra. Por outras palavras, a organização do significado não é um decalque da organização do mundo real e a maneira como o referente é caracterizado numa ciência física, não fornece um modelo a seguir na descrição semântica do signo que para ele reenvia. No entanto, a semântica não pode ser concebida como completamente independente do real. A realidade exterior é, pelo menos, pertinente nos limites do contacto que com ela se tem na utilidade prática, que se lhe reconhece na vida em colectividade. Assim, o único contacto que, regra geral, um francófono não meridional, não amador de botânica tem com a figueira passa pelo seu fruto, o figo. Portanto, de forma paradoxal, para estes falantes a melhor definição de figueira é a que for quase tautológica: a árvore que dá o figo; e isto, porque é através do figo — e talvez até mais frequentemente na sua forma seca — que a grande maioria dos francófonos tem conhecimento desta planta. Quer isto dizer que a forma como os sujeitos falantes entram em contacto com a realidade condiciona, em grande medida, o seu

---

[17] tradução portuguesa: dá o figo. *(N. da T.)*
[18] tradução portuguesa: possui dentro de si o fruto. *(N. da T.)*

conhecimento do objecto e, consequentemente, as propriedades semânticas do signo que o designa. A partir daqui, o fruto — tão importante para a definição da figueira — pode ser descurado, no caso de uma planta que a utilização social reserva para fins estéticos e olfactivos, como é o caso da roseira. Da mesma maneira, se uma planta só serve para fornecer madeira — como é o caso da palissandro, para os francófonos —, muitas das suas propriedades não são, de modo algum, pertinentes para caracterizar o sentido da palavra que a designa. Em compensação, se uma planta — tal como o carvalho — tem múltiplas utilizações numa sociedade, as características que se referem a estas utilizações fornecem as propriedades semânticas pertinentes do monema; o significado «carvalho» será, pois, na média das utilizações, composto por vários traços pertinentes.

No seu estudo sobre a denominação dos animais domésticos, Mounin torna a ligar a existência de termos, que precisam a oposição macho/fêmea, jovem/ /adulto, à prática social: «É na medida em que a língua francesa tem necessidade (ou teve necessidade no passado e ainda guarda o vestígio desta necessidade) de distinguir realidades não linguísticas neste campo de actividade, que ela as denominou [16].»

9. Variações e hierarquia dos traços semânticos

Verificámos, pois, os laços que unem o conteúdo semântico das unidades significativas à vida social e ao meio ambiente ou ao meio natural. Como eles são todos susceptíveis de variações contínuas é normal que o semantismo das unidades também o seja. Por outras palavras, o que é pertinente no significado de uma unidade é variável de uma fracção da comunidade para outra. A hierarquização das propriedades semânticas é, à partida, possível: ela pode e deve ser estabelecida em função da sua generalidade.

Para ilustrar a disparidade dos traços semânticos, poderia voltar-se ao quadro da pág. 164. Notar-se-á que as colunas e as linhas apresentam mais ou menos divisões vazias. Se nos lembrarmos que cada coluna e cada linha representa um traço pertinente virtual, se admitirmos que a pertinência de um traço constitui função de uma oposição possível entre a sua presença e a sua ausência, quando não houverem ter-

---

[19] Ver *Clefs pour la sémantique*, p. 151.

mos de oposição para um monema — portanto, quando há uma divisão vazia —, o traço em questão não se reveste de um carácter pertinente. Assim, para a espécie «pintada», não há termo especial para o macho, a oposição macho/fêmea não é neste caso pertinente, enquanto a mesma diferença é pertinente para a espécie cavalo, uma vez que temos um termo para o macho *(garanhão)* e outro para a fêmea *(égua)*. A partir daqui, quanto mais uma coluna ou uma linha apresenta divisões vazias, tanto mais o traço, que ela representa, está submetido à restrição. Inversamente, um traço ganha tanto mais em generalidade quanto a coluna ou a linha, que o representa, menos divisões vazias comportar (quer isto dizer que tem um emprego mais vasto). Deste modo, dos dois traços «jovem» e «novidade», o primeiro, que tem uma só divisão vazia, é mais geral do que o segundo, que tem uma só divisão cheia.

A hierarquia dos traços pertinentes, que propusemos, baseia-se na integração (dos significados) no sistema. Segundo este ponto de vista, seria interessante fazer uma comparação do quadro dos traços pertinentes semânticos — ver p. 162 — com o quadro dos traços pertinentes dos fonemas — ver p. 169; ela evidenciaria um sistema mais simétrico, unidades mais integradas em fonologia em relação ao plano do significado, onde o sistema — mesmo que limitado a um campo semântico — apresenta lacunas e assimetrias que não se podem descurar.

Um outro facto que complica a organização do significado é a sobreposição dos campos [20]: um termo como *madeira* vê, naturalmente, o seu significado delimitado por *floresta, bosque, mata,* etc., mas também entra no campo constituído por *ferro, cobre, pedra,* etc. Deste modo torna-se possível a aproximação de *madeira, ónix, diamante, pedra preciosa, jóia,* etc.; o que justifica contextos como *c'est un collier de palissandre (cornaline, perles ...)* [21]. É, sem dúvida, no discurso, ou seja, por referência à frequência (ou generalidade sintagmática), que se pode examinar qual o lugar que ocupam, na definição do significado «madeira», os seus laços com cada um dos seus campos.

---

[20] Ver SCHOGT, *Sémantique synchronique,* e GRANGER, *op. cit.*
[21] tradução portuguesa: é um colar de palissandro (cornalina, pérolas...) *(N. da T.)*

A hierarquia proposta aqui é intrínseca, ou seja, unicamente baseada nos elementos linguísticos e nas suas relações.

10. Variações sociais do significado

Na hierarquização do traços do sentido também é preciso considerar o estatuto que eles têm na dimensão extrínseca, ou seja, no indivíduo e na sociedade. Na dimensão social, os trabalhos de Labov poderiam ilustrar esta hierarquia. Labov procura separar o significado do termo inglês *common sense* («bom senso[22]»). Para tal, ele interroga uma população de anglófonos de New York. Algumas questões dividem os informadores em duas partes. Assim, posta a questão «será que a maioria das pessoas é dotada de bom senso?», o grupo A responde sim, o grupo B não. De igual modo, «dois e dois são quatro» é um exemplo de bom senso para o grupo A, mas não o é para o grupo B; e assim por diante. Mas o inquérito não leva só à verificação das variações sociais do sentido deste termo; põe também em evidência a coerência do comportamento dos dois grupos A e B (que não são independentes da estratificação social). Por exemplo, à questão «pode ser-se dotado de sabedoria sem se ter bom senso?», A responde sim B não. Apesar destas diferenças — que se devem a um condicionamento social —, o termo *bom senso* apresenta, para toda a população inquirida, características semânticas comuns. O acordo é profundo na atribuição ao *bom senso* das propriedades seguintes: é um «juízo são»; refere-se ao «prático», ao «quotidiano» e «não se aprende nos livros».

Esta experiência parece provar[23] que: 1.º — a investigação experimental não está reservada à fonologia ou à sintaxe, mas pode e deve alargar-se, também, à semântica; 2.º — a estrutura semântica é relativa e hierarquizada; existe — pelo menos, para termos como *bom senso* — um nó central de traços semânticos par-

---

[22] Ver LABOV, *Sociolinguistique*, capítulo IV.
[23] As conclusões são nossas. Labov, ao rejeitar a tese que diz que «os falantes de uma mesma língua não se compreendem» (p. 186), é levado a concluir que a intercompreensão é possível graças às propriedades centrais, em relação às quais toda a gente está de acordo. Pensamos que seria incorrecto colocar a questão, bem como querer reduzir as respostas possíveis a «compreender» e «não compreender». Com efeito, nada permite *a priori* sujeitar o problema a uma solução binária. A intercompreensão também pode apresentar graus.

tilhados por toda a gente e traços variáveis de uma fracção da comunidade para outra.

11. A importância das variações semânticas

Desde o início que a semântica estrutural atribuiu a si própria a tarefa de identificar o sentido — relativamente aos seus traços pertinentes — e de estudar as variações, que este apresenta. Na prática, a maior parte das descrições semânticas — sobretudo as inspiradas na glossemática ou na gramática generativa transformacional — contentaram-se em salientar só os traços considerados como pertinentes, abandonando as variantes que um significado pode apresentar. Ora, se a identificação dos traços pertinentes apresenta dificuldades, é porque há, a par das características mantidas, outras que estão presentes em determinadas condições e que nelas têm a sua pertinência. A análise em traços semânticos não seria uma semântica da palavra — tal como muitas vezes lhe é censurado — se levasse a cabo, na íntegra, a sua tarefa, ou seja, se conseguisse enumerar as variantes do sentido (ou, pelo menos, as mais importantes de entre elas) e precisar as condições de aparecimento destas. Por outras palavras, a procura das variantes e das condições do seu aparecimento leva, necessariamente, o estudo semântico a recorrer ao contexto (frases, sequências de frases, discursos ou textos) e à situação.

Tomemos como exemplo um nome próprio. Ele pode designar uma personagem *Molière est né à Pézenas*[24], uma obra *on y joue souvent du Molière*[25] ou uma ou a outra, indiferentemente *il n'apprécie pas Molière*[26]. Se só se tiverem em conta estes empregos, não tem pertinência alguma saber se Molière vive ou se morreu; os mesmos traços podem ser pertinentes noutro contexto. Assim, em *quel Américain lit aujourd'hui Molière?*[27], é, precisamente, por se saber que já não é vivo, que se atribui a este nome próprio o sentido da obra. Se, neste contexto, Molière fosse substituído pelo nome de um escritor vivo, Aragon, por exemplo, não se saberia se se tratava do homem, se dos seus escritos.

---
[24] tradução portuguesa: Molière nasceu em Pézenas. *(N. da T.)*
[25] tradução portuguesa: Molière é muitas vezes lá representada. *(N. da T.)*
[26] tradução portuguesa: ele não aprecia Molière. *(N. da T.)*
[27] tradução portuguesa: qual é o Americano que lê hoje em dia, Molière? *(N. da T.)*

A conclusão que deste exemplo queremos tirar é a de que, na compreensão das frases, as variações do significado de um monema têm um papel importante a desempenhar e que elas devem ser estudadas, bem como as condições do seu aparecimento. Diga-se, de passagem, o exemplo do nome próprio ilustra, também, o carácter hierarquizado e aberto dos traços semânticos. Hierarquizado, porque para compreender um contexto como *elle adore Mozart*[28], é preciso que, primeiro, se reconheça neste termo um nome próprio. Aberto, porque a obra que evoca o nome próprio pode ser de carácter literário *(Molière)* musical *(Mozart)*, arquitectónico *(Le Corbusier)*, pictórico *(Rembrandt)*, plástico *(Rodin)*; e o inventário parece não estar fechado, ainda que nem todas as obras humanas tenham nele uma probabilidade igual. Além disso, isto é uma ilustração da sobreposição dos campos.

12. Palavra, frase, discurso

O que caracteriza os estudos que se referem à enunciação e à pragmática, é o facto de levarem em conta, de uma forma mais vasta, o contexto e a situação, bem como a atenção dada aos factos semânticos, os quais se manifestam não só no âmbito da frase, mas sobretudo no dos segmentos mais vastos. As análises que Ducrot faz das unidades significativas são exemplo disso. Assim, *décidément!*[29] é definido como reacção a um facto, que faz parte de uma sucessão de factos caracterizados por uma propriedade comum; essa sucessão é considerada pelos falantes como «contrária a uma espera, a uma esperança ou a um medo[30]», «considerada na maioria dos casos como rejeitável, desagradável, negativa[31]».

Chega-se a essa conclusão, quando se levam em conta os traços marginais — regra geral descurados nas definições semânticas que são dadas, no dicionário, por exemplo — destas palavras. Este alargamento tem um duplo efeito: por um lado, traz consigo uma precisão suplementar (sobre a atitude do falante face ao acontecimento aproximado); por outro, leva — o que é, a nosso ver, o preço desta maior precisão — a estruturas mais finas, menos rigorosas e mais sensí-

---

[28] tradução portuguesa: ela adora Mozart. *(N. da T.)*
[29] tradução portuguesa: decididamente! *(N. da T.)*
[30] Ver DUCROT, e outros, *Les Mots du discours*, p. 133.
[31] *Op. cit.*, p. 137.

veis às influências, que as variações do contexto e da situação exercem. E é por isto mesmo que a indicação das condições (contextuais, situacionais, etc.) da validade de uma tal análise se torna mais importante; porque é possível encontrar, sem procurar muito, empregos onde *décidément* não traz nenhum juízo negativo. Na sequência do encontro de uma pessoa que se tinha perdido de vista, por exemplo, o espanto pode ser perfeitamente expresso por *décidément!* sem que esta repetição seja contrária a uma espera, a uma esperança ou a um medo, nem apercebida como rejeitável, desagradável, negativa. Aliás, quando um analista atribui a um signo uma propriedade semântica, na maioria dos casos válida, é porque ele reconhece a esta última um carácter estatístico, admite a necessidade de investigações empíricas (observação da utilização real, inquérito sobre o conhecimento intuitivo dos utentes, etc.), para determinar, de forma mais precisa, as características semânticas do signo e as condições do seu aparecimento. E isto porque, em muitos casos, estas descrições semânticas apelam para os processos mentais do falante ou do interlocutor, tais como o juízo feito sobre os acontecimentos, a classificação e a hierarquização dos acontecimentos, etc. Mas estes processos são determinados em relação à intuição do descritor; esta introspecção — se bem que verosímil e necessária e até se se abstrair da deslocação relativamente ao que ela é suposta representar — tem os seus limites, talvez porque nada permite que a identidade dos processos mentais seja postulada, uma vez que são eles que sustêm a emissão e a percepção das frases em todos os sujeitos falantes.

Podem ser feitas observações análogas a propósito de outros termos analisados segundo os mesmos princípios: por exemplo, estas análises atribuem a *mais* — numa sequência de proposições como *P mais Q* — a propriedade de desqualificar a proposição P em proveito de Q [32]. Por outras palavras, das duas proposições, ligadas por *mais*, é a segunda que prevalece sobre a primeira; a conclusão que se tira do enunciado *P mais Q*, é a que fixa o argumento Q. Assim, em *elle est gentille mais embêtante* [33], o juízo atribuído à pessoa seria, em suma, negativo. Não nos parece certo que este valor de *mais* seja tão geral, como se crê: pode depender do conteúdo semântico das proposições

---

[32] DUCROT, *Dire et ne pas dire*, p. 128.
[33] tradução portuguesa: ela é gentil mas maçadora. *(N. da T.)*

ou do dos seus constituintes e pode variar de uma fracção da comunidade para outra. Por exemplo, *c'est une persone extrêmement compétente mais un peu lente* [34] pode ser, para muitos francófonos, uma apreciação positiva no seu conjunto.

Pode-se esperar que as reflexões actuais sobre a análise dos segmentos maiores do que as frases (texto, discurso, etc.) preparem o terreno para uma verificação das teses que avançam. É este, aliás, o caminho seguido pelos ramos da linguística que hoje em dia permite estudos empíricos.

A distinção entre semântica e pragmática linguística não parece assentar em critérios sólidos. Opõe-se, frequentemente, a pragmática à sintaxe ou à semântica da seguinte maneira: a sintaxe ou a semântica estudam a língua, a sua estrutura, e a pragmática o que dela faz o homem [35]. Uma tal definição é, pelo menos, exagerada; sobretudo se se tiver em conta o facto de a investigação da estrutura se basear no funcionamento de uma língua. O que poderia ser característico da «pragmática» é o interesse que esta tem para algumas utilizações dos factos da língua, e de que é feita abstracção num estudo sintáctico; é, essencialmente, um estudo mais impelido das relações entre actos linguísticos e situações extra-linguísticas. Aliás, aqueles que, como Ducrot, se ocuparam da semântica das sequências maiores do que a frase, reconheciam que não há solução de continuidade entre semântica e pragmática.

Gostaríamos de terminar este capítulo com uma observação relativa à origem dos estudos semânticos de textos. Sabe-se que estes interessaram, primeiro, àqueles que se ocupavam da filosofia da linguagem ou dos aspectos lógicos da estrutura linguística. Isso não se ficou a dever à fatalidade nem à inadaptação dos fundamentos teóricos da linguística. É mais o classicismo da linguística que está em causa; esse classicismo faz com que se coloquem alguns princípios, mas é seguida uma tradição estabelecida sem se perguntar

---

[34] tradução portuguesa: é uma pessoa extremamente competente mas um pouco lenta. (*N. da T.*)
[35] Tirado de um extracto do editorial do *Journal of Pragmatics*, n.º 1, 1977, eis um exemplo deste género de distinção: «Enquanto a sintaxe e a semântica se abstraem, tradicionalmente, dos utentes efectivos, a pragmática está sempre consciente de que um sistema de signos tem — *stricto sensu* — tanto menos significado quanto menos for utilizado: a abstracção pára aí». (Hartmut HABERLAND & Jacobl MEY, editorial: «Linguistics and Pragmatics», *op. cit.*, p. 2).

se ela não contradiz aqueles. O facto de a linguística estrutural se ter isolado no estudo da frase, não provém dos princípios teóricos que ela atribuiu a si própria. Por exemplo, a definição de uma língua, dada por Martinet, não implica, de modo algum, que o estudo linguístico se tenha de limitar ao âmbito da frase. Da mesma maneira que a linguística estrutural, ao enunciar o princípio de pertinência ou o carácter arbitrário da teoria linguística, se mostrou consciente do facto de a sua delimitação do objecto «linguagem» mais não ser do que uma escolha, do que uma hipótese, e que esta última deve ser confirmada, refeita ou recusada, aquando da sua confrontação com os dados empíricos. Na sequência de uma prática prolongada, a hipótese assumiu o estatuto de realidade; o mesmo se passou com a concepção formal da estrutura linguística, a qual fechava os estudos semânticos num quadro demasiado restrito e inadequado. Ao longo dos capítulos desta obra, procurámos evidenciar os perigos do classicismo. Com efeito, sem estas duas limitações tradicionais — a saber, o carácter discreto e a frase concebida como o quadro máximo — os estudos semânticos, quer da frase, quer do discurso, encontrariam um quadro teórico adequado, pelo menos em algumas correntes da linguística estrutural.

CONCLUSÃO

Após a leitura de uma obra como esta, as melhores conclusões — pelo menos as mais interessantes para o linguista, autor ou não — seriam as dos leitores. Enquanto por elas se espera, a primeira coisa que se pode aqui voltar a dizer, como resposta à questão «A quem e para que pode servir uma obra de iniciação linguística?», é que existe uma grande diferença — de que é preciso tomar consciência — entre aquilo a que se poderia chamar a pedagogia própria do ensino da linguística a estudantes de linguística (no âmbito da universidade) e a pedagogia adaptada a um ensino de linguística para não-especialistas, quer se trate de professores, quer não. Todos os universitários, que participaram nas tentativas de introdução da linguística nas «Écoles normales d'instituteurs et d'institutrices», passaram por essa experiência: na imensa maioria dos casos, o estudante, que escolhe a linguística, não é um estudante qualquer, quero dizer, um estudante que aceite ou deva aceitar em bloco o «cursus» de uma fieira tradicional e bem definida, com todas as disciplinas de uma licenciatura ou de um mestrado (frequentemente estimuladas mesmo antes do bacharelato). Ele é, na maior parte do tempo, intelectual e cientificamente «motivado». É chamado, a todo o momento, a tomar uma decisão individual. Não ignora, regra geral, ter escolhido uma disciplina bastante exigente, relativamente à sua preparação prévia. Se bem que a escolha da leitura de um livro de iniciação à linguística implique, também, uma motivação franca e muitas vezes forte, a situação é completamente diversa, quando se trata de um não-especialista, sempre ou quase sempre solitário no seu empreendimento, com objectivos, na maioria das vezes, mais imediatos e mais concretos.

É certo que, de há mais de dez anos para cá, foram criadas obras muito boas na matéria, através das quais se denota um esforço para responder a este apelo. Por entre elas salientam-se as obras de reflexão, talvez sobretudo para o professor, tais como *L'Orthographe* de Claire Blanche-Benveniste e André Chervel (Maspéro, 1969) ou então ...*et il fallut apprendre à écrire à tous les petits Français* (Payot, 1977) de Chervel; as obras com intuitos mais estreitamente pedagógicos, como *Pour enseigner le français* de Mortéza Mahmoudian (Presses Universitaires de France, 1976), ou a *Grammaire fonctionnelle du français* (Crédif et Didier, 1979) sob a direcção de André Martinet — e às quais se podem juntar as *Clefs pour la langue française* (Seghers 1968) e até os *Éléments de linguistique générale* de Martinet (Armand Colin, 1960; edição revista em 1980), que, durante dez anos, foram o recurso quase único. Mas inúmeras reuniões de informação, destinadas sobretudo aos professores dos primeiro e segundo graus, realizadas sempre no mais amplo e franco diálogo, deixam-nos a pensar que o problema pedagógico da transmissão de um saber linguístico, dirigido a um público vasto e sempre mal definido, ainda não está verdadeiramente resolvido.

Dito isto e tendo em conta o facto de os autores terem feito, a meu ver e cada um conforme o seu temperamento, tudo o que estava ao seu alcance para se aproximarem deste público, falta considerar (tal como foi exposto na *Introdução* da presente obra) que talvez não seja o autor o único em causa neste caso — e perguntar se o leitor, a quem se não pretende responsabilizar pelas dificuldades da sua leitura, não poderia ser mais e ainda melhor ajudado a tirar partido desta leitura.

A segunda coisa que deve voltar a ser dita, e como conclusão, é que, na leitura de um livro de iniciação à linguística, *o benefício do leitor é sempre indirecto*. É, essencialmente, porque terá tomado consciência das estruturas reais de uma língua e do seu funcionamento real, que o leitor-utilizador se sentirá preparado para tentar aplicar o que sabe, por exemplo, ao seu domínio profissional. Tudo isto sem esquecer a vantagem de ter adquirido uma perspectiva de conjunto, orgânica e hierarquizada, do que constitui a linguística, o que vale, infinitamente mais do que este conhecimento fragmentado de problemas e de soluções, que se rebuscam nas crónicas e nos artigos dispersos dos periódicos, e onde é tão difícil, para os autores, dizer qualquer coisa de verdadeiramente construtivo. (Por certo que se notará que eu nunca empreguei a palavra «vulgarização», mas sim a palavra «iniciação»; sem dúvida que o fiz voluntária e propositadamente.) O professor, por exemplo, poderá assim confrontar as posições de Chervel (1977) (op. cit., p. 95) e as de Martinet (1979) (op. cit., pp. 55, 60, 105, 181, 182, 197) sobre *en* — na medida em que julgue necessário, não só para o seu ensino, mas pelo menos para si próprio, resolver o problema de saber se há um ou vários *en*. Terá, deste modo, múltiplas ocasiões para verificar, com base em cem exemplos, a importância operatória do conceito de função por oposição aos conceitos, mais fracamente descritivos e explicativos, de forma e de distribuição.

A partir daqui, podem propôr-se conclusões ainda mais vastas. Uma delas leva à reflexão sobre a questão «Para que serve a gramática?», a qual é, hoje em dia, praticamente sinónima da que já colocámos: «Para que serve a linguística?». Com efeito, opôs-se (e eu próprio também o fiz), durante muito tempo, a linguística, que se limitava a ser descritiva, à gramática, que seria prescritiva — sem se dar conta de que toda a norma, desde que há escolas, se baseia também numa descrição e numa explicação. Mais ainda, os próprios gramáticos admitem que todas as descrições e explicações das gramáticas de francês, que se contradizem pelo menos tão frequentemente quanto as das teorias linguísticas, são muitas vezes criticáveis, imperfeitas e/ou erróneas. E ainda mais, desde há muito que se descobriu que há países onde a gramática não é ensinada na escola (e Chervel cita-nos, *op. cit.*, p. 27: Inglaterra, Estados Unidos, Brasil, etc.), sem que as crianças pareçam sofrer com isso na posse da sua língua. Em França, desenvolveu-se nesta base, depois de 1968 mais ou menos, uma espécie de teoria, segundo a qual a crise do ensino do francês (em relação à qual toda a gente está de acordo) se deveria, na sua maioria, àquilo a que René Balibar chama *Les Français fictifs* (Hachette, 1974), ou ainda e em colaboração com Dominique Laporte, *Le Français national* (Hachette, 1974). Aliás, Célestin Freinet já tinha, desde há muito, posto em causa o ensino esteriotipado da gramática ou da «redacção» e denunciado a insistência, por parte dos professores, da necessidade de «fazer frases» (sempre as mesmas e sempre já elaboradas, no fundo). Ele pensava que este manuseamento da língua, vazio ou quase vazio, que levava a exercícios do tipo «Faça o retrato do seu gatinho», «Conte o que fez na última quarta-feira», «Diga qual a profissão que gostaria de ter e porquê», etc., tirava aos alunos o gosto de escrever, porque separava as ideias da sua expressão e, sobretudo, as ideias que eles gostariam de exprimir, daquelas sobre as quais lhes impunham dizer qualquer coisa, mesmo que não tivessem nada para dizer ou não tivessem vontade de dizer fosse o que fosse de pessoal. Foi, assim, que nasceu aquilo a que René Balibar chama, também, «o francês nacional escolar» e a que, frequentemente, se tem tendência para descrever como a «hipervalorização da linguagem escrita abstracta» (*Le Monde*, 3 Julho 1981, p. 11). Resumindo, seria este ensino da gramática escolar tradicional, com os seus acólitos, o maior responsável, senão exclusivo, da crise da escola e deste fenómeno de massas: o insucesso escolar.

Este racionalismo simplista, que tem sempre tendência para procurar a causa única e a mais próxima de todo o fenómeno, e a que se poderia, igualmente, chamar o racionalismo do bode expiatório, é, aqui particularmente discutível — e, além disso, espantoso, vindo de pedagogos, psicólogos, sociólogos e historiadores, formados para compreenderem a complexidade das interacções, por que se explica o aparecimento acidental de um facto social. É, com efeito, através de uma verdadeira desordem causal, que, hoje em dia, se chega a esta máxima: «É a escola que tem a culpa.» Se estudarmos, ainda que sumariamente, toda a evolução da nossa civilização relativamente a este ponto, apercebemo-nos da existência, a partir da invenção da da imprensa, de um movimento lento e contínuo das camadas mais «inferiores» rumo à conquista destes novos instrumentos de *luta* e de promoção social, que são a leitura e a escrita. A partir desta altura, a escola não cria necessariamente mas responde a elas. Poderíamos encher um volume com as observações, com as queixas mesmo, dos escritores que, a partir do século XVII e ainda mais do XVIII, se referem ao movimento impetuoso dos das classes «inferiores», que queriam aprender a ler, começando pelos das camadas que estão em contacto com as camadas letradas: lacaios, criados, servidores de toda a espécie. O desenvolvimento da imprensa escrita, no último quartel do século XVIII, acelera este movimento. A revolução de 1789 alarga-o e as revoluções industriais e comerciais do século XIX continuam com este impulso — sem esquecer o movimento, cada vez mais nítido após 1815-1820 e, também, cada vez mais consciente das classes populares, rumo à conquista da leitura e da escrita por razões *políticas*, ligadas à democratização, esta também lenta mas contínua, da vida francesa (releia-se, somente, o capítulo de «*Les Miserábles*» sobre o abc). Deste modo, chega-se à conclusão de que não é a escola que atira o ensino da língua para o francês «fictício», ou «nacional», ou «escrito escolar abstracto», mas que são as necessidades de civilização, em que ela se banha, que para aí a empurram, *volens nolens*. Não se nega que a escola não tenha encontrado, sem dificuldade, as respostas mais adequadas e mais eficazes para estas necessidades. Mas o próprio Chervel, o juíz mais severo na matéria, admite que a tarefa era «de uma dificuldade inaudita» (*op. cit.*, p. 50) quanto à ortografia, «uma tarefa complexa» (p. 31), uma tarefa, no entanto, bastante bem conseguida nos últimos dois séculos (p. 57), mesmo no que respeita à gramática «escolar (p. 103; ver também p. 151). Além disso, sem *parti-pris* polémico excessivo, só se pode salientar o seguinte: todo o investigador que denuncia estes «franceses escolares», estes «franceses fictícios» estes «escritos franceses abstractos», sobre-estimados pela escola, *deve-lhes a sua maneira de escrever*, desde Célestin Freinet e Renée Balibar e Chervel, e de escrever impecavelmente (nenhum deles é capaz de escrever «ça n'a pas d'importance» em vez de «cela n'a pas d'importance», tal como fez Marcel Cohen, ou de assinar como Ambroise Thomas, por volta de 1890: *Anbrawaz Toma, manbre de l'Institu*). Tal como acontece com o dinheiro, a «escrita francesa abstracta» só é desprezada pelos que a possuem e solidamente.

Para voltar, explicitamente, ao ensino da gramática e da linguística, de que não estamos tão afastados como se poderia pensar, nenhum destes autores se apercebe do facto de que foi preciso «aprender a escrever», em todas as sociedades passadas, para se poder transitar da transmissão oral do saber, que constituia a sua civilização, para a transmissão escrita deste mesmo saber. Sob este ponto de vista, a única diferença entre as sociedades está em que esta aprendizagem, que há três milénios atrás dizia unicamente respeito a pequenas castas sócio-profissionais fechadas, formadas por escribas, teve de se alargar a todos os membros das sociedades, à medida que as estruturas destas exigiam, que todos soubessem ler e escrever. Eis porque foi preciso, que todos os pequenos Franceses... assim como todos os outros, aprendessem a escrever.

Além disso, nenhum gramático e muito poucos linguistas se preocuparam com o facto de que *aprender a escrever* oculta três realidades diferentes: aprender a «anotar», através das letras e das sequências de letras, os sons da língua — o que toda a criança Francesa aprende por volta dos seis anos; seguidamente, aprender a «ortografar» as palavras da língua; e, depois, aprender a «redigir», o que é totalmente diferente. Após raros percursores como Blinkenberg, só André Martinet soube chamar a atenção para o facto de que descrever oralmente um facto a um interlocutor presente não pressupõe, de forma alguma, a mesma utilização da língua, que a narrativa escrita deste mesmo facto a um ou vários leitores conhecidos ou desconhecidos. No primeiro caso, não só o emissor e o receptor partilham, regra geral, do conhecimento pormenorizado do quadro, mas também o falante dispõe, pelo seu modo de narrar, pela sua acentuação, pela sua entoação, pela sua mímica facial, pelos seus gestos, de uma série de meios, que substituem ou economizam a expressão, propriamente linguística, do facto. Além disso, este falante tem a faculdade de fazer pausas, de as preencher com expressões de expectativa (euh! hum! etc.), de deixar inacabados os seus enunciados, quando eles são claros, no momento. Quando passa a escrever, diz Martinet (em algumas páginas de *Langue et Fonction* (pp. 148-149), que ainda estão à disposição para serem lidas, meditadas, mesmo desenvolvidas cientificamente) é preciso substituir todas as facilidades orais pela introdução, no seu texto escrito, de todas as circunstâncias que permitam passar a mesma informação a um leitor qualquer, informado ou não. É por isso que, em todas as «civilizações que utilizam a escrita», é preciso aprender, também, a redigir: *nunca se pode escrever como se fala* e é, à partida, *e sempre por esta razão fundamental.*

A escola faz tudo o que pode para tal, ainda que nem bem, nem mal. Sem dúvida que seria, aqui, necessário acrescentar que, sem forçar a importância deste facto mas também sem a subestimar, a frase *escrita* teve de representar uma restrição que, simultaneamente, complicava e facilitava a elaboração e a organização do pensamento e que representava, portanto, um aperfeiçoamento da arte de pensar. É isto que justifica, plenamente, o ensino da sintaxe, quer pela simples gramática tradicional de escola, quer pela já melhorada, graças à utilização judiciosa da linguística actual. Foi, sem dúvida, o que Chervel quis sugerir através da fórmula que se segue e a que nenhum linguista se recusará a conformar, se bem que o autor não a tenha explicitado suficientemente: «A reflexão sobre a língua é uma das actividades intelectuais mais ricas e mais estimulantes que existe» (p. 282). Eis, certamente, uma das respostas mais pertinentes à questão: «Para que serve a linguística?», e isto pela razão que acabou de ser exposta.

A obra de Mahmoudian, se bem que muito pessoal, é decididamente funcionalista e oferece, também, a ocasião de reflectir sobre a actual situação desta grande corrente da linguística do século XX — e, por isso mesmo, de responder à questão prévia de tantos leitores ao nível da iniciação: «Porquê antes a linguística funcionalista do que uma outra das que reinam, hoje em dia, a seu lado?» Como ninguém é profeta no seu país, mesmo em linguística, procurou-se, durante muito tempo, em França, isolar André Martinet — o introdutor e o principal teórico desta corrente — no domínio, em que ele tinha, à partida, afirmado a sua mestria: a fonologia. Anos após ter escrito os *Éléments de linguistique générale*, que contém uma sintaxe já muito elaborada, só lhe era concedido lugar, nos quadros da linguística do século XX, enquanto notável fonólogo. Depois, e sobretudo após 1968, e através do alargamento dos contactos de todos os professores como os *Éléments*, viu-se multiplicar — a maior parte do tempo nas discussões orais — a ideia de que a sintaxe de Martinet nada tinha de original e não passava de uma formulação afinada... da gramática escolar. Também neste campo, Chervel pode oferecer um bom ponto de partida. «O funcionalismo, tal é (...) o nome que André Martinet dá à sua doutrina. Ele associa uma análise formal (?) dos 'monemas' (as mais pequenas unidades significativas) a uma teoria das funções herdada da gramática escolar. A definição de função como 'a contrapartida linguística da relação entre um elemento de experiência e toda a experiência' é uma variante moderna (?) das definições metafóricas dadas no século XIX, onde a função das palavras era comparada à dos homens na sociedade (Aubertin), dos soldados no exército (Brachet) ou das rodas na máquina (Riom) (*op. cit.*, p. 283).»

Fica-se confundido (o meu amigo Chervel desculpar-me-á de o dizer), quando um historiador de gramática, tão cuidadoso como ele nos exames bibliográficos e na análise do seu conteúdo (12 páginas de títulos e, por exemplo, 38 obras só no ano de 1840), pode acumular tantos erros históricos em tão poucas palavras. Qualquer leitor de hoje sabe que a base teórica do funcionalismo actual consiste em procurar, primeiro, na obra do grande psicólogo e linguista alemão dos anos 1920-1930, Karl Bühler, com a sua teoria das três funções da linguagem, depois no partido, igualmente muito profundo a nível teórico, que o fundador da fonologia, Serguei Troubetzkoy, tirou das ideias de Bühler, e cuja construção assenta na análise revolucionária das funções dos fonemas (função distintiva, função culminativa, função demarcativa): tudo aquilo que, no conceito de função, está a cem passos de distância da gramática escolar. A fonologia de Troubetzkoy, a que ele também chamava uma fonética estrutural e funcional, foi e continua a ser o nó formador profundo de toda a linguística funcionalista. No que respeita ao domínio da sintaxe, um conhecimento, mesmo que médio, faz com que a escola de Praga — constituída sobretudo por checos após a morte de Troubetzkoy — surja como não tendo sabido ou podido desenvolver o funcionalismo do seu mestre e como tendo ficado presa a conceitos sintácticos da altura, sobretudo aos de Charles Bally (parece-me) que é, frequentemente, o estafeta de Aristóteles. Se é preciso fixar fontes, ou seja, estímulos intelectuais, à sintaxe de Martinet, é mais do lado de Jespersen que se deve procurar, devido ao seu conceito bastante central de *nexus;* do lado de Hjelmslev, com os seus três tipos de relações sintácticas: a independência, a interdependência e a constelação; é, sem dúvida, também, de maneira muito mediatizada, do lado de Bloomfield.

Mas mais não se trata, repitamo-lo, do que de estímulos. Se seguirmos, passo a passo, o desenvolvimento da sintaxe de Martinet, apercebemo-nos de que ele parece fazer parte, pelo menos explicitamente, de um conceito aparentemente bastante marginal, o das propriedades e do funcionamento dos segmentos do enunciado, a que ele chama monemas (ou sintagmas) *autónomos*. Isso leva ao isolamento das unidades — os monemas funcionais — que têm a propriedade de tornar sintacticamente autónomas as unidades ou agrupamentos de unidades que unem ao nó do enunciado. Além disso, Martinet evidenciou o facto de que a relação sintáctica entre duas unidades pode ser assegurada pela posição (obrigatória) de uma destas unidades em relação à outra. Todos os que, após 1950, puderam seguir de muito perto os desenvolvimentos da sintaxe geral, verificaram que a elaboração da de Martinet não parte da frase como um dado, mas, sim, do princípio de que a frase é o terminus da reflexão. O último conceito que define nas exposições, onde reproduz, por assim dizer, a cronologia da sua investigação, é, pois, justamente, o ponto de partida dos outros. E a sua definição, também final, muito revolucionária, apesar de não ser muito clara para muitos leitores embora especialistas, é a do predicado. Salvo no que respeita aos factos de terminologia, sempre cuidadosamente redefinidos, e, somente, quando trata da linguística *francesa* (Martinet detesta a criação terminológica, que bloqueia a intercompreensão), não se vê, de forma alguma, como se pode provar que a sintaxe geral de Martinet proviria da gramática escolar. Ele insistiu sempre em que as «funções» sintácticas descrevem as «analogias», as «relações» entre os monemas, graças às quais é construído, pelo emissor, ou reconstruído, pelo receptor, o significado da frase. Os monemas *não são* sujeitos, complementos, dependentes, determinantes: eles assumem esta ou aquela função, neste ou naquele enunciado. Toda a sintaxe, que pretendesse fazer a economia de conceito, ver-se-ia, muito simplesmente, na incapacidade de descrever como as sequências das «palavras» constroem, pelas suas relações especificamente definidas, o significado da frase — e, consequentemente, de descrever como é que as relações estabelecidas por um emissor, numa dada língua, entre realidades não linguísticas (aquilo a que se chama: o pensamento), são transmitidas pelas relações sintácticas que representam estas relações entre realidades não linguísticas. Estudar a sintaxe e estudá-la por intermédio de uma teoria linguística adequada é, também, estudar como comunicar o que é pensado nessa língua.

187

Parece-me ser esta razão pela qual a linguística estrutural e funcional, nascida com Saussure e desenvolvida por Troubetzkoy, resistiu, de há três quartos de século para cá, à variedade de muitas teorias, as quais se estiolam após a morte do seu promotor ou até antes — e se manifesta, ainda hoje, em plena produtividade, como disso é testemunha a obra de Mahmoudian. Também me parece ser esta a razão pela qual ela tem todas as hipóteses de ajudar, melhor do que qualquer outra, a abordar os problemas e a sugerir soluções, no ensino ou noutros ramos de actividade: responde às necessidades dos utilizadores, para os quais aprender a «escrever» é, no fim de contas, aprender a *comunicar o seu pensamento* (seja qual for o objecto) — e talvez até a melhorar a sua elaboração, devido a um conhecimento melhor das articulações através das quais a língua descreve a elaboração desse pensamento.

GEORGES MOUNIN

BIBLIOGRAFIA DAS OBRAS CITADAS

BACH, Emmon: «Linguistique structurelle et philosophique du langage», in *Diogène*, 51.
BÈS, Gabriel: «Forme et substance» *in* André MARTINET, *La Linguistique, Guide alphabétique*, pp. 117-124.
BICKERTON, Derek: «Inherent Variation and Variable Rules», in *Foundations of Language*, 7, 1973.
BLOOMFIELD, Leonard: «Un ensemble de postulats pour la science du langage» *in* André JACOB, *Genèse de la pensée linguistique*, Paris, Colin, 1973.
Le Langage, Paris, Payot, 1970.
BOUDIEU, Pierre: «L'Économie des échanges linguistiques», in *Langue française*, 34, pp. 17-34.
CEDERGREN, Henriette, et SANKOFF, David: «Variable Rules: Performance as a Statiscal Reflection of Competence», in *Language*, 60, 1974.
CHAO, Yuen-Ren: «The Non-Uniqueness of Phonemic Solutions of Phonetic Systems», in Martin JOOS, *Readings in Linguistics*, The University of Chicago Press, pp. 38-54, 1957.
CHOMSKY, Noam: *Topics in the Theory of Generative Grammar*, Mouton, La Haye, 1969.
Structures syntaxiques, Paris, Seuil, 1969 (Trad. portuguesa: *Estruturas sintácticas*, Edições 70, Colecção Signos n.° 28, 1980).
Aspects de la théorie syntaxique, Paris, Seuil, 1971 (Trad. portuguesa: *Aspectos da teoria da sintaxe*, Ceira, Coimbra; Arménio Amado, Ed. Suc., 1975).
Le Langage et la Pensée, Paris, Payot, 1970.
Questions de sémantique, Paris, Seuil, 1975.
«Questions of Form and Interpretation», in *Linguistic Analysis*, vol. I, n.° 1, pp. 75-109, 1975.
CHOMSKY, Noam et MILLER, George: «Introduction to the Formal Analysis of Natural Language, in *Handbook of Mathematical Psychology*, New York, Wiley, 1963.
DEYHIME, Guiti: «Enquête sur la phonologie du français contemporain in *La Linguistique*, 1 e 2.
DUCROT, Oswald: *Dire et ne pas dire*, Paris, Hermann, 1972.
Les Mots du discours, Paris, Minuit, 1980.
FRANÇOIS, Denise: *Le français parlé*, Paris, S. E. L. A. F., 1974.

GRANGER, Gilles-Gaston: *Pensée formelle et Science de l'homme*, Paris, Aubier-Montaigne, 1967.
Essai d'une philosophie du style, Paris, Colin, 1968.
GROSS, Maurice: *Méthodes en syntaxe*, Paris, Hermann, 1975.
HARRIS, Zellig S.: *Structural Linguistics*, University of Chicago Press, Chicago, 1951.
«Structure distribucionelle», in *Langage*, 20.
«From Phoneme to Morpheme», in *Language*, 31, pp. 190-222, 1955.
HILL, Archibald A.: «Grammaticaly», in Word, 17, pp. 1-10, 1961.
HJELMSLEV, Louis: *Prolégomènes à une théorie du langage*, Paris, Minuit, 1968.
Essais linguistiques, Paris, Minuit, 1972 (Trad. espanhola: *Ensayos Linguisticos*, Madrid, Editorial Gredos, 1972).
JAKOBSON, Roman: «Principes de phonologie diachronique», in TROUBETZKOY, *Principes de phonologie*.
Essais de linguistique générale, Paris, Minuit, 1962.
JAKOBSON, R., FANT, G., et Halle, M.: *Préliminaries to Speech Analysis*, Cambridge, MIT Press, 1952.
JOLIVET, Rémi: «Théories linguistiques et formalisation», *Études de lettres*, n.° 1, pp. 37-64, 1976.
«Rigueur et Laxité en Syntaxe; approche expérimentale», in *Études de lettres*, 1, pp. 81-12, 1976.
«Aspects de l'expérimentation dans une recherche linguistique», *La Linguistique*, 16, 1, pp. 37-49, 1980.
«La Place de l'adjectif épithète», in *La Linguistique*, 16, 1, pp. 77-103, 1980.
Descriptions quantifiées en Syntaxe du français, Genève, Slatkine, 1981.
JONES, Daniel: *The Phoneme, its Nature and Use*, Londres, Cambridge University Press, 1950.
KATZ, Jerrold J.: «Mentalism in Linguistics», in *Language*, 40, pp. 124-137. «Interpretative Semantics VS Generative Semantics», in *Foundations of Language*, 6.
LABOV, William: *Sociolinguistique*, Paris, Minuit, 1976.
LADEFOJED, Peter: «Phonetic Prerequisites for a Distinctive Feature Theory», *in* Valdman, M. (éd.) *Papers in Linguistics and Phonetics to the Memory of Pierre Delattre*, La Haye, Mouton, 1972.
LADRIÈRE, Jean: «Limites de la formalisation», *in* Jean PIAGET (dir.), *Logique et Connaissance scientifique*, pp. 312-333.
LAKOFF, George: *Irregularity in Syntax*, New York, Holt, Rinehart & Winston, 1970.
«On Generative Semantics» in JAKOBOVITS & STEINBERG, *Semantics: and Interdisciplinary Reader in Philosophy, Linguistics and Psychology*, Cambridge University Press, 1971.
«Hedges» in *Papers from the 8th Regional Meeting. Chicago Linguistics Society* (abaixo, *CLS*, 1972).
«Fuzzy Grammar and the Competence/Performance Terminology Game», in *CLS 9*, 1973.
«Presupposition and Relative Grammaticality», in W. TODD, *Studies in Philosophical Linguistics*, série 1.
LEFÈVRE, M.-T., JADIN, D., DONZEAU, A., MASSÉ-FROUIN, L., ROBIN, N.: *Enquête sur l'adject: Dissension dans la communauté hésitation individuelle*, mémoire de maîtrise des universités de la Sorbonne Nouvelle et d'Angers, 1977.
LÉON, Robert, SCHOGT, Henry, et BURSTYNSKY, Ed.: *Phonologie, 1: Les Écoles et les théories*, Klincksieck, Paris, 1977.
Linguistique fonctionelle: Débats et perspectives. Pour André Martinet, présentés par Mortéza MAHMOUDIAN.

MAHMOUDIAN-RENARD, Maryse: «Structure et données en linguistique», in Mortéza MAHMOUDIAN et altri, Linguistique fonctionelle. Débats et perspectives. Pour André Martinet, Paris, P. U. F., 1980.
MAHMOUDIAN-RENARD, Maryse et Nina de SPENGLER: «Constructions pluripronominales dans les syntagmes verbaux complexes», in La Linguistique, 16/1, 1980.
MAHMOUDIAN, Mortéza: Les Modalités nominales, Essai de syntaxe fonctionelle, Paris, P. U. F., 1970.
«Syntaxe et linéarité», in Jeanne MARTINET, De la Théorie linguistique à l'enseignement de la langue, Paris, P. U. F., 1972.
«Convergences et divergences dans les théories linguistiques», Études de lettres, 1, pp. 23-36, 1976.
«Structure linguistique: Problèmes de la constance et des variations», La Linguistique, 1611, pp. 5-36, 1980.
MAHMOUDIAN, Mortéza et altri: Pour enseigner le français, Présentation fonctionelle de la langue, Paris, P. U. F., 1975.
MALMBERG, Bertil: La Phonétique, Paris, P. U. F., 1954, «Que sais-je?» (Trad. portuguesa: A fonética, Livros do Brasil, Colecção Vida e Cultura n.º 49, Lisboa, 1954).
Les Domaines de la phonétique, Paris, P. U. F., 1971.
MARTINET, André: La prononciation du français contemporain, Genève, Droz, 1945.
Économie des changements phonétiques, Berne, Francke, 1955.
La Description phonologique, Genève-Paris, Dorz & Minard, 1956.
Éléments de linguistique générale, Paris, Colin, 1960 (Trad. portuguesa: Elementos de linguagem geral, Liv. Sá da Costa, Lisboa, 1964).
La linguistique synchronique, Paris, P. U. F., 1965.
Le Langage, «Encyclopédie de la Pléiade», Paris, Gallimard, 1968.
Studies in Functional Syntax (Études de syntaxe fonctionelle), Munich, Fink, 1975.
MARTINET, André et altri: La Linguistique, Guide alphabétique, Paris Denoël, 1969.
MARTINET, Jeanne: Clefs pour la sémiologie, Paris Seghers, 1973.
McCAWLEY, James D.: «Lexical Insertion in a Transformational Grammar without Deep Structure», in CLS, 4.
MOUNIN, Georges: Introduction à la sémiologie. Paris, Minuit, 1970.
Clefs pour la sémantique, Paris, Seghres, 1972.
MULDER, Jan, et HERVEY, Sándor: Theory of Linguistic Sign, La Haye Mouton, 1972.
The Strategy of Linguistics, Edinburgh, Scottish Academic Press, 1980.
PETERS, Stanley: Goals of Linguistic Theory, Englewood Cliffs, Prentice Hall, 1972.
PIAGET, Jean (DIRECTEUR): Logique et Connaissance scientifique, «Encyclopédie de la Pléiade», Paris, Gallimard, 1967.
POSTAL, Paul: «The Best Theory», in Stanley PETERS, Goals of Linguistic Theory.
POPPER, Karl: La Connaissance objective, Bruxelles, Ed. Complexes, 1978.
PRIETO, Luis J.: Principes de noologie, La Haye, Mouton, 1964.
Pertinence et Pratique, Minuit, 1975.
ROSS, John Robert: «A Fake NP Squish», in BAILEY C.-J. N., & SHUY, R. W., New Ways of Studying Variations in English, Washington, D. C., George town University Press, 1973.
«The Category Squish: Endstation Hauptwort», in CLS, 8, 1972.

SAUSSURE, Ferdinand DE: *Cours de linguistique générale*, Paris, Payot, 1916 (édition critique, DE MAURO, 1979). (Trad. portuguesa: *Curso de Linguística Geral*, Publicações D. Quixote, Col. Universidade Moderna, n.º 18, Lisboa, 1971).

SCHOCH, Mariane, et DE SPENGLER, Nina: «Structure rigoureuse et structure lâche en phonologie», *La linguistique*, 16, 1, 1980, pp. 105-117.

SCHOGT, Henry: *Sémantique synchronique: synonymie, homonymie, polysémie*, Toronto, University of Toronto Press, 1976.

TABOURET-KELLER, Andrée: «Le Jeu varié de l'expression linguistique des enfants. Le cas du district de Cayo à Belize», in *Linguistique fonctionelle: Débats et Perspectives*.

THOMAS, Jacqueline: *Le parler Ngbaka de Bokanga*, Paris-La Haye, Mouton, 1963.

TROUBETZKOY, Nicholas, S.: *Principes de phonologie*, Paris, Klincksieck, 1949.

ULLMO, Jean: «Les Concepts physiques», *in* Jean PIAGET, *Logique et Connaissance scientifique*.

VOGT, Hans: «Le Kalispel», in André MARTINET, *Le Langage*, «Encyclopédie de la Pléiade».

WALTER, Henriette: *La Phonologie du français*, Paris, P.U.F., 1977.

WEINREICH, Uriel: «Unilinguisme et Multilinguisme», *in* A. MARTINET, *Le Langage* «Encyclopédie de la Pléiade».

ÍNDICE

INTRODUÇÃO: A LINGUÍSTICA ACTUAL
por Georges Mounin 9

1. A NATUREZA DA ESTRUTURA LINGUÍSTICA E AS SUAS RELAÇÕES COM OS FACTOS EMPÍRICOS ... 25

   1. Qual a natureza da estrutura linguística? 25
   2. Regras e classes 26
   3. Unidade e estrutra 26
   4. Semelhanças e diferenças 27
   5. Restrições e latitudes 28
   6. Conclusão 29

2. PROBLEMAS EPISTEMOLÓGICOS DA LINGUÍSTICA 31

   1. Linguística: ciência da linguagem 31
   2. Humanidade e ciências 32
   3. Ideia e conceito 33
   4. Como definir um objecto? 34
   5. Indução e dedução 35
   6. Hipótese e refutação 36
   7. Teoria e modelo 37
   8. Um exemplo de modelo em fonologia 38
   9. Sobre alguns problemas epistemológicos em linguística 39
   10. Aquisições e perspectivas 40

3. LÍNGUAS E SISTEMA SEMIOLÓGICOS 43

   1. Estrutura e função 43
   2. As funções da linguagem 44
   3. A comunicação: função central da linguagem 45

4.	Estrutura linguística e economia	46
5.	Comunicação e economia	48
6.	Potência semiológica (Omnipotência semiótica) ...	49
7.	Expressão e conteúdo	51
8.	As articulações linguísticas	52
9.	Articulações em signos	53
10.	Figuras de expressão	54
11.	Figuras de conteúdo	56
12.	Arbitrariedade linguística	56
13.	Línguas e códigos	58
14.	Definição de uma língua	59
15.	A formação da definição	61
16.	Outras concepções da linguagem	62

4. FONOLOGIA 67

1.	Fonologia: ciência piloto	67
2.	O que é a fonologia?	67
3.	O estudo físico do som	68
4.	O estudo funcional do som	70
5.	Pertinência e comportamento linguístico	72
6.	Sequências e unidades	73
7.	Tipos de unidades fónicas	74
8.	Estrutura fonológica	76
9.	Valor da concepção estrutural	78
10.	Paradigmas e sistema	79
11.	Neutralização e contantes fonéticas	80
12.	Problemas em suspenso	81
13.	A fonologia funcional e os outros modelos fonológicos	82

5. AS UNIDADES SIGNIFICATIVAS 91

1.	Liminares	91
2.	Sintaxe e morfologia	92
3.	Morfologia	93
4.	Tipos de fenómenos morfológicos	94
5.	Morfologia das sequências de monemas	96
6.	Condicionamento dos factos morfológicos	97
7.	Sintaxe (ou combinação das unidades significativas)	87
8.	A razão de ser da sintaxe	99
9.	Como separar as unidades significativas	100
10.	Monemas e sequências de monemas (ou constituintes polinemáticos)	102
11.	Relações sintácticas	102
12.	Relações de implicação lógica	104
13.	Variedade das relações sintácticas	105
14.	Função vs monema	107
15.	O quadro da análise	108

16. *Classes sintácticas*	109
17. *Problemas em suspenso*	111
18. *Outras teorias sintácticas*	115

6. LINGUAGEM, INDIVÍDUO, SOCIEDADE   131

1. *A experimentação em linguística*	131
2. *Sentido e alcance da experimentação*	132
3. *Um exemplo de modelo experimental: o inquérito fonológico*	133
4. *As implicações dos inquéritos linguísticos*	135
5. *Linguagem e sociedade*	136
6. *Problemas e limites do inquérito*	139
7. *Constância, variações e hierarquia da estrutura linguística*	142
8. *Paralelismo psíquico/social*	143
9. *A análise do corpus*	147
10. *A dupla dimensão da hierarquia estrutural*	149
11. *Contribuição teórica das investigações experimentais*	150
12. *Problemas técnicos da experimentação*	153
13. *Condições requeridas para as investigações empíricas*	155

7. SEMÂNTICA   159

1. *Necessidade do estudo do significado*	159
2. *O âmbito do contexto*	160
3. *Os campos semânticos*	162
4. *Estrutura semântica e estrutura fonológica*	166
5. *Haverá isomorfismo entre significante e significado?*	166
6. *A análise em traços pertinentes*	167
7. *Os limites da análise em traços*	168
8. *A escolha dos traços pertinentes*	169
9. *Variações e hierarquia dos traços semânticos*	171
10. *Variações sociais do significado*	173
11. *A importância das variações semânticas*	174
12. *Palavra, frase, discurso*	175

CONCLUSÃO *por Georges Mounin*   179

BIBLIOGRAFIA DAS OBRAS CITADAS   189

Composto e impresso
na Empresa Norte Editora
(A. C. Calafate, Herds., Lda.)
Póvoa de Varzim
para EDIÇÕES 70
em Setembro de 1983

Composto e impresso
na Empresa Gráfica Lahorn
(L. G. Odainai, Ltda.)
Travessa de Varzim
para EDIÇOES 70
em Setembro de 1985